I0019855

CRIPTOMONEDAS

Un curso completo de intercambio e inversiones digitales

(Aprendizaje sistemático acerca de invertir y comerciar en criptomoneda)

Elido Baez

Publicado Por Daniel Heath

© **Elido Baez**

Todos los derechos reservados

Criptomoneda: Un curso completo de intercambio e inversiones digitales (Aprendizaje sistemático acerca de invertir y comerciar en criptomoneda)

ISBN 978-1-989853-37-5

Este documento está orientado a proporcionar información exacta y confiable con respecto al tema y asunto que trata. La publicación se vende con la idea de que el editor no esté obligado a prestar contabilidad, permitida oficialmente, u otros servicios cualificados. Si se necesita asesoramiento, legal o profesional, debería solicitar a una persona con experiencia en la profesión.

Desde una Declaración de Principios aceptada y aprobada tanto por un comité de la American Bar Association (el Colegio de Abogados de Estados Unidos) como por un comité de editores y asociaciones.

TABLA DE CONTENIDO

Parte 1 1

Introducción 2

Capítulo Uno.. 4

La Revolución De Las Criptomonedas.................... 4

Capítulo Dos 8

Tipos De Criptomonedas 8

Capítulo Tres.. 11

Tecnologías De Criptomoneda – Bitcoin Y Blockchain........ 11

Capítulo Cuatro... 15

Invertir, Minar, Y Comerciar Criptomonedas 15

Capítulo Cinco 20

Monederos 20

Capítulo Seis 28

Estar Seguro Con Las Criptomonedas.................... 28

Capítulo Siete 35

Términos De Criptomonedas 35

Capítulo Ocho... 43

Regulaciones De Criptomonedas......................... 43

Capítulo Nueve 54

Signos De Alerta Para Las Criptomonedas.......................... 54

Capítulo Diez 57

Perspectivas Largas Y Cortas Sobre La Inversión Con
Criptomonedas 57

Capítulo Once 60

Economía Y Sellos De Tiempo............................. 60

Capítulo Doce 66

Rompiendo Los Mitos... 66

Capítulo Trece.. 77

¡Comerciantes Adelante!..................................... 77

Capítulo Catorce 89

Cripto Esquema Ponzi... 89

Conclusión 96

Parte 2 98

Introducción 99

Capítulo 1: ¿Qué Es La Criptomoneda Y Cómo Funciona? 102

¿QUÉ SON LAS CRIPTOMONEDAS? 103
UNA BREVE HISTORIA DE LAS CRIPTOMONEDAS. 105

Capítulo 2 - ¿Cómo Te Afectan Las Criptomonedas?........ 123

¿SE CONVERTIRÁ EN UNA MONEDA AMPLIAMENTE UTILIZADA?.... 124
¿ESTÁS CONSIDERANDO CAMBIARLO? 127
¿SERÁ PASADO DE MODA DEBIDO A OTRAS TECNOLOGÍAS
EMERGENTES? 135

Capítulo 3 - Criptomonedas Más Populares 137

ETÉREO 141
ONDA 146
BITCOIN CASH 151
LITECOIN... 155
CARDANO 158

Capítulo 4 - ¿Por Qué El Precio Es Tan Volátil? 164

CRIPTOMONEDA VERSUS MONEDA FIDUCIARIA 164
LA CULTURA DE LAS REDES SOCIALES. 173

Esto Nos Trae El Siguiente Factor Que Afecta La Volatilidad:
.... 180
Falta De Un Valor Intrínseco... 186
La Tasa De Inflación Del País De Origen De Su Moneda
Fiduciaria Operativa.. 195

Conclusión 198

Parte 1

Introducción

Felicitaciones por descargar y**gracias** por hacerlo.

En este libro aprenderá todo lo que necesita saber para trabajar con criptomonedas.
Las criptomonedas son una nueva moneda digital que están empezando a revolucionar el sector financiero como verá en este libro.

A medida que crece la demanda de criptomonedas, más tendrá que saber sobre éstas, y este es un excelente lugar para comenzar; especialmente si planea invertir con criptomonedas en algún momento en el futuro.

Hay una gran cantidad de libros sobre este tema en el mercado, pero ¡gracias de nuevo por elegir este! Se hizo todo lo posible para asegurarse de que tuviera la mayor cantidad de información valiosa posible. Por favor, ¡disfrútelo!

Capítulo Uno

La revolución de las criptomonedas

Blockchain está escrito de tal manera que puede centrarse más en el desarrollo del software, así como en las soluciones de inicio que no podrán realizar las personas que trabajan en el sector financiero. Para colmo, Blockchain soportará criptomonedas y las aplicaciones que usan criptomonedas. Blockchain también permite realizar un seguimiento de los activos cifrados en un entorno que es tan seguro que no puede ser pirateado. La complejidad de las transacciones se reducirá debido a la forma en que se escribe Blockchain para las criptomonedas.

Podrá administrar mejor sus riesgos digitales cuando se trata de lidiar con su futuro financiero. Los libros de contabilidad que están en Blockchain llegarán a donde se pueda enviar información a aquellos que necesitan los datos, y nadie más podrá ver la información; por lo tanto, le da un nuevo giro a "solo para sus ojos". El proceso de otorgar un permiso especial para su libro de contabilidad ha mejorado los métodos que ya existen en el sistema.

Sin embargo, dado que la tecnología está en constante evolución, las tarifas que suelen estar vinculadas a los bancos tradicionales se deben a las transacciones que se realizan. Siempre habrá riesgos involucrados cuando se trata de dinero, como los pagos en mora o la pérdida de documentos. Ese es uno de los beneficios más importantes, ya que para las criptomonedas no habrá ninguna necesidad de imprimir documentos, ya que todo se almacenará en Blockchain. Entonces, si le preocupa el medio ambiente, esto loalegrará porque ¡ya no hay necesidad de imprimir papeleo!

Hay muchas instituciones financieras que están tratando de establecer equipos en sus sucursales para ayudar a las empresas que desean utilizar Blockchain para sus startups. Los equipos que encontrará estarán versados en todo Blockchain y criptomonedas porque querrán mejorar la experiencia de sus clientes para que continúen llegando a su institución en lugar de tratar de descubrir Blockchain por su cuenta. Y esto ayudará a mejorar la fe de sus clientes en el banco porque están tratando de mantenerse al tanto de cómo está cambiando el mundo.

Una creencia común acerca de bitcoin es que el sector financiero será eliminado. Sin embargo, esto no va a ser cierto, aunque Blockchain maneja pagos y, al mismo tiempo, es un documento vivo que se actualizará como un documento vivo. Por lo tanto, cuando un pago vence, el cliente podrá ver cuándo debe hacerlo y cuánto debe pagar. Por lo tanto, eso será un argumento lo suficientemente grande para los sectores financieros y cómo éstos deberán mantenerse. Pero, si el banco no está abierto al uso de las criptomonedas, perderán a sus clientes frente a un banco que esté dispuesto a trabajar con éstas.

Mientras los bancos continúan trabajando con nuevas empresas, necesitarán ver una serie de proyecciones para analizar sus riesgos. Pero, si usan Blockchain, podrán ver predicciones más precisas. Esto ayudará a los bancos a ahorrar su dinero, ya que no lo van a dar a las empresas que no están proporcionando proyecciones precisas sobre cómo piensan que lo va a hacer su negocio. Por lo tanto, el dinero que solía desperdiciarse ya no se gasta porque el banco no está regalando dinero a compañías que no pueden pagar su préstamo.

Capítulo Dos

Tipos de criptomonedas

Bitcoin

Todas las transacciones de Bitcoin se mantendrán en Blockchain. Por lo tanto, no habrá necesidad de una autoridad central, ya que el mantenimiento de la red lo realizará el propio sistema. Tomemos, por ejemplo, que una transacción se completa en la forma de persona uno que envía a persona dos cinco bitcoins. Esta transacción se transmitirá a la red siempre que la aplicación esté disponible.

La red tendrá que validar la transacción para asegurarse de que tengan toda la información que necesitan antes de transmitir el trato a los nodos del sistema. Si desea una verificación independiente, entonces necesitará Blockchain para que todos los datos puedan almacenarse adecuadamente.

¡Aprenderá más sobre Bitcoin más

adelante en el libro!

Altcoins

Las altcoins serán un método convencional para que el financiamiento colectivo aumente el capital cada vez que utilice diferentes inversiones. Por lo tanto, en lugar de usar monedas, puede usar crowdfunding. Si desea usar este método, entonces podrá usarlo para involucrarse con bitcoin. Pero, para usar esta técnica, primero debe obtener monedas que se pueden suministrar a través de un estado de minería previa antes de que se vendan durante la primera oferta de monedas. Esto se hizo unos días antes de que se lanzara el sistema para que lo usara el público.

Bitshares será otro método que puede usar cuando quiera comenzar con Blockchain. Algunas aplicaciones y servicios se utilizarán en procesos de preventa para recaudar los fondos que se necesitarán. Al final, los inversores tendrán la oportunidad de comprar monedas. Esto va a hacer que el precio aumente cuando el servicio se haga más popular.

Ether

Ether es la criptomoneda que usarás con Ethereum. Será como usar bitcoins, pero los tipos de cambio serán diferentes y habrá más servicios que podrá comprar con ether en la cadena de bloques Ethereum.

Capítulo Tres

Tecnologías de criptomoneda – Bitcoin y Blockchain

Bitcoin

Como ya ha visto, cada transacción que ocurra en Blockchain se colocará en un registro público para que todos la vean. Y, cuando esto suceda, no habrá necesidad de que alguien se siente y vigile el sistema o haga reparaciones porque el sistema se encargará de todo por sí solo.

Las transacciones se transmitirán a toda la red siempre que se haya verificado. Esto llega a donde todos los datos de las transacciones de Blockchain se guardan en su cadena en el sistema.

Un bloque se creará seis veces por hora a medida que se verifiquen y se acepten en la cadena. A medida que esto suceda, el software determinará la cantidad de monedas que deben gastarse para evitar el doble gasto. Y, esto será útil para crear un entorno que no tiene que ser supervisado por una autoridad central.

Una de las ventajas más destacadas de bitcoin será que cuando use bitcoin, será una plataforma estable, por lo que no tendrá que preocuparse por la falla de los servidores para que se apliquen actualizaciones. Esto generará confianza entre los usuarios de bitcoin porque podrán confiar más en la plataforma y eso significa que más personas querrán unirse ya que no tienen que esperar en el sistema por muchas cosas.

Blockchain

Blockchain es la plataforma desde la cual las aplicaciones de criptomoneda funcionarán. Toda la plataforma de Blockchain está descentralizada. Dependiendo de la plataforma que esté utilizando dependerán los servicios que ofrecerá esa Blockchain. Sin embargo, cuando mire el Blockchain, tendrá muchos beneficios.

Uno de los beneficios más importantes que experimentará con Blockchain es que será un sistema que contendrá todos los datos de cada transacción en su bloque. Por lo tanto, cuando tenga que mirar los detalles de un contrato inteligente que se ha escrito, podrá ver esos detalles y no preocuparse de que se haya modificado de ninguna manera.

Otra cosa que pone a Blockchain por encima de las instituciones financieras tradicionales es que está a prueba de hackers. Si un hacker quiere piratear la cadena de bloques, se requiere que ingresen a todas las computadoras en el sistema al mismo tiempo y eso no será posible porque no hay un solo hacker que sea lo suficientemente bueno para hacer esto. Y, a medida que los ataques avanzan y cambian, la tecnología Blockchain avanza y gira para mantener a los hackers fuera de su sistema.

Capítulo Cuatro

Invertir, minar, y comerciar criptomonedas

Comerciar

Cuando comercie criptomonedas, encontrará otra persona que use la misma criptomoneda y cambie dinero del mundo real por moneda digital. A veces el comercio va a ocurrir cara a cara. Sin embargo, debe tener cuidado al hacer esto porque ha habido informes de personas que resultaron dañadas e incluso asesinadas cuando han completado intercambios como este. Y, deberá asegurarse de reunirse en un lugar público y de permitir que alguien sepa dónde se encuentra.

Es fácil encontrar a alguien que esté dispuesto a venderle criptomonedas, pero los precios serán altos, por lo que tendrá que mirar a todos los que están buscando comerciar.

Invertir

1. Cree un monedero. Su monedero será donde se guardará su criptomoneda para que la envíe más tarde para pagar bienes o servicios. Cada monedero tendrá su clave pública y su clave privada para que usted sea el único que pueda acceder a su monedero y acceder a su criptomoneda. Cada monedero con que puede trabajar tendrá su seguridad y ofrecerá diferentes beneficios. En cierto modo, los monederos serán similares a las tarjetas de crédito ya que le proporcionarán recompensas por usarlas.

Debe tener criptomoneda, y podrá obtenerla a través de comercio o minería. La minería no siempre será una opción porque requerirá que tenga una GPU de alto funcionamiento y esa no siempre es una opción para las personas ya que les será difícil comprar el hardware costoso. Pero, el comercio no siempre será una opción, ya que costará mucho dinero tener una cantidad decente de criptomoneda. Por lo tanto, tendrá que asegurarse de que está obteniendo la moneda digital de la manera que puede sin exigirse demasiado. no debe hacerle difícil vivir su vida; Al igual que cuando se comercia en el mercado de valores.

2. Necesita revisar su saldo en su monedero porque si compra criptomoneda, aumentarán los activos en su cuenta. Pero, si envía dinero, obviamente, su saldo se reducirá. Cuando vea los detalles de su cuenta, verá lo que hay en ella. Pero, cuando presione el botón de enviar, tendrá que ingresar su clave privada en el campo para que el sistema pueda asegurarse de que usted es quien dice ser antes de continuar y permitirle enviar dinero.

Minar

Para minar con una criptomoneda, deberá tener un Blockchain descargado en su computadora para que sus transacciones puedan ser colocadas en la cadena. Pero, cuando se trata de la minería con una moneda digital específica, se dará cuenta de que cada una tendrá su propio conjunto de reglas que deberá seguir.

Por ejemplo, cuando mina con Ethereum, necesita tener C ++ descargado para poder seguir descargando los programas que llegarán a donde pueda minar.

La minería con bitcoin o con Ethereum será similar, pero eso no significa que vaya a ser fácil. Debe asegurarse de que está buscando en la plataforma con la que está trabajando y de obtener el software adecuado.

Existe la posibilidad de que tenga suerte y pueda usar los mismos programas, pero ese no siempre será el caso. Podrás encontrar una guía en la plataforma que te dirá todo lo que necesitas para minar. Asegúrese de estar siguiendo estas guías y de tener una GPU poderosa para asegurarse de que su computadora no se está congelando en medio de la minería para no perder todo el trabajo duro que ya ha hecho.

Otra cosa que debe tener en cuenta es que debe encontrar un grupo de minería que sea adecuado para usted. No necesita un grupo minero que estará lleno de gente y llegará a donde no tenga la oportunidad de ganar una recompensa decente. Pero, al mismo tiempo, no desea estar en un grupo donde va a hacer todo el trabajo. Si este es el caso, entonces será mejor que realice la minería por su cuenta a pesar de lo difícil que sea.

Capítulo Cinco

Monederos

Los monederos serán vitales a la hora de tratar con criptomonedas. Por lo tanto, en este capítulo, aprenderá los diez mejores monederos que serán los que debe mirar primero al considerar el comercio de divisas digitales. Estos monederos han demostrado ser algunos de los más utilizados. Pero una vez más, el monedero que utilizará dependerá de su preferencia en lo que tiene para ofrecer.

1. Ledger Nano S:

Este es un monedero de hardware que parece ser una unidad flash y puede contener varias monedas. Podrá usar este monedero con casi cualquier criptomoneda. El monedero se conecta a su computadora a través de su puerto USB y requerirá un código para comunicarse con la máquina para autenticar las transacciones. Este monedero también tendrá una autenticación U2F que se usará cuando se manejen otros servicios para que se puedan ejecutar varias aplicaciones al mismo tiempo. Ledger nano es seguro y, por lo general, no es costoso, pero sigue siendo imposible de hackear. Se informa que pagará alrededor de setenta dólares por un Ledger Nano.

2. Coin base:

Podrá usar Coin base solo con Ethereum y bitcoin; Pero, Es soportado en alrededor de treinta países. Más de diez millones de transacciones han pasado por Coin base, lo que provocó que se produjeran veinte mil millones de dólares en intercambios, lo que hace que este sea uno de los mejores monederos de criptomoneda. Además de eso, tendrán una interfaz de usuario que atenderá a sus usuarios. No tendrá que pagar nada cuando se registre para usar Coin base, y habrá una pequeña tarifa cada vez que realice una transacción. Todo lo que deberá hacer es registrarse para obtener una cuenta, agregar su método de pago y comprar su criptomoneda. Es posible que se deban tomar varios pasos para probar su identidad, dependiendo de cuánto esté comprando.

3. Ledger blue:

Ledger Blue es el más reciente y altamente seguro monedero de hardware. Cuenta con una pantalla de seguridad interactiva. Su monedero también puede conectarse a Bluetooth e incluso recargarse para que continúe funcionando. Blue es fácil de llevar a donde quiera que vaya, mientras que admite todas las criptomonedas, así como las aplicaciones vinculadas a ellas. Pero, Ledger Blue le va a costar por lo menos doscientos setenta dólares si no más.

4. Keep Key:

Este monedero de hardware va a funcionar con casi todas las criptomonedas. Los activos que coloque en el monedero estarán protegidos contra hackers. Keep key ha afirmado que no podrán ser sometidos a malware o virus, ya que no tendrán un sistema operativo. Este firmware es de código abierto y funcionará en casi cualquier dispositivo. Tendrá la opción de modificar su código o crear el suyo propio para ejecutarlo. El Keep key le va a costar noventa y nueve dólares.

5. Trezor:

Uno de los monederos de criptomoneda de hardware líderes de la industria; Trezor puede afirmar que son el monedero original que tiene la mayor seguridad para ofrecer a sus usuarios. El monedero será fácil de configurar y le brindará una extensión para Google Chrome que se comunicará con su monedero. El token que use tendrá una clave de seguridad que funcionará en el proceso de autenticación U2F. Podrás comprar un Trezor por diez dólares.

6. Strong coin:

Este monedero híbrido te permitirá enviar y recibir bitcoins. El problema es que habrá una clave privada que se ingresará cada vez que envíe dinero para que se cifre antes de que llegue a su destino. Strong coin no va a retener sus monedas ya que puede descargar su cuenta en formato PDF. Los bitcoins se pueden comprar directamente desde la interfaz de la cartera, y usted no va a lidiar con el intercambio. Hay ciento diez mil usuarios que están usando Strong coin en este momento. Los monederos son gratuitos y usted pagará una pequeña tarifa por cada transacción.

7. Exodus:

Exodus es el primer monedero de software de escritorio que utilizará Shapeshift en la interfaz para que las conversiones rápidas se puedan usar para la criptomoneda. Además de eso, Exodus será un monedero de activos múltiples que le permitirá almacenar su clave privada en una sola aplicación mientras personaliza su interfaz de usuario. El control total de sus monedas estará en sus manos. Tendrá ayuda veinticuatro siete, si lo necesita. También hay un canal de Slack que le permite comunicarse con otros usuarios de Exodus. Exodus es otro monedero gratuito.

8. Jaxx – Ice Cube:

Jaxx se creó por primera vez para que un monedero criptográfico multiplataforma esté disponible para los usuarios. Se ha agregado soporte de integración para Shapeshift y le permite usar Jaxx como monedero de varias monedas que tendrán claves privadas vinculadas a su monedero. Ice Cube es un monedero de hardware que tiene una cámara y un chip celular que transmitirá sus transacciones cuando no esté conectado a Internet. Ice Cube no solo es resistente al agua sino también al fuego. No importa dónde se encuentre en su cripto viaje, podrá usar este monedero y entender cómo se usa.

9. Mycelium:

Mycelium es una de las mejores

aplicaciones móviles para Blockchain porque usted puede enviar y recibir monedas mientras tiene una seguridad de primer nivel. Este es un monedero criptográfico basado en Android que va a ser utilizado por cientos de miles de usuarios de criptomonedas porque los usuarios la prueban en lugar de lanzarla sin que los usuarios sepan cómo entender el monedero. El monedero siempre se está actualizando, e incluso se cree que están tratando de crear una herramienta de finanzas personales que le permita administrar sus inversiones, finanzas y pagar sus cuentas.

10. **Electrum:**

Thomas Voegtlin creó este monedero en 2011 para que otros desarrolladores puedan ayudar a que sea un mejor monedero para sus usuarios. Este monedero de software fue diseñado para que los usuarios tuvieran la libertad para administrar sus fondos y claves privadas en una plataforma segura. Puede comparar

Electrum a Trezor u otros productos de Ledger. Como la plataforma Electrum está descentralizada, no habrá ningún tiempo de inactividad.

Capítulo Seis

Estar seguro con las criptomonedas

Cuando está utilizando criptomoneda, tiene que asegurarse de que está seguro porque, si no lo está, terminará perdiendo todo lo que ha invertido. La mayoría de lo que verá en este capítulo serán cosas que ya ha escuchado antes. Sin embargo, no siempre va a venir a la mente. Cuanto más seguro pueda estar en la plataforma de su elección, mejor estará usted, ya que se estará salvando de los hackers. Lo triste es que los hackers no siempre intentarán piratear la cadena de bloques, de hecho, se están volviendo más inteligentes y descubren que es más fácil piratear plataformas a través de cuentas individuales. Por lo tanto, no se convierta en una de esas historias que las personas cuentan a otros en un esfuerzo por hacer que aseguren su plataforma para que los hackers no puedan acceder a ella. ¡Aprenda de los errores de otras personas!

Contraseña de la cuenta

¡Debe tener una contraseña segura para asegurarse de mantener su cuenta segura! Cuanto más segura sea su contraseña, más fácil será asegurarse de mantener su moneda digital. Una buena forma de pensar esto, es que su cuenta es la princesa y que su contraseña será la torre que protege a su princesa. Cuanto más fuerte sea tu torre, menos probable será que el dragón – el hacker – pueda superar tus defensas.

Aunque probablemente le hayan dicho que siempre va a necesitar una contraseña segura, existe la posibilidad de que no sepa en qué consistirá una buena contraseña. Pero, esto es lo que necesitará una buena contraseña para mantener a los hackers lejos de sus cripto recursos.

1. Letras
2. Símbolos
3. Números
4. Letras mayúsculas

5. Y debe tener una longitud de por lo menos dieciséis caracteres.

Lo más probable es que haya creado contraseñas y no hayan requerido que complete dieciséis caracteres. La mayoría de las contraseñas requerirán que ingrese ocho caracteres, pero cuanto más larga sea la contraseña, más difícil será que lo hackeen. Pero, las contraseñas largas son difíciles de recordar. Entonces, tome su contraseña y escríbala para que la pueda guardar en un lugar seguro. No se recomienda usar un administrador de contraseñas porque si alguien hackeara su computadora, no solo obtendrán su contraseña de criptomoneda, sino que obtendrán todas las contraseñas de cada cuenta que posea. También puede encontrar generadores de contraseñas en línea que le darán una contraseña memorable que será segura y podrá recordarla. Si bien no va a perder su identidad, ya que no tiene que poner su información privada en su aplicación de criptomoneda; pero, si su computadora es hackeada, su identidad se verá comprometida junto con sus activos criptográficos.

Encripte la información de su monedero

Los datos de su monedero deben estar encriptados para garantizar que mantiene su criptomoneda segura. Si bien obtendrá un nivel de seguridad con su monedero, querrá asegurarse de que está haciendo todo lo posible para mantener su monedero seguro. Por lo tanto, deberá encontrar una forma de encriptar los datos en su monedero. La mayoría de las veces tendrá la opción de encriptar a través de sitios en línea, pero tendrá que asegurarse de no colocar su monedero en un lugar que no sea seguro. A veces, los sitios de cifrado serán a los que los hackers apuntarán porque el hacker sabe que podrán obtener la información de cifrado de los monederos de criptomoneda de las personas. Sin embargo, no podrán detener a los hackers que utilizan ataques avanzados, como el registro de teclas.

Tampoco protegerá su información si un hacker ya se ha metido en su computadora y ha creado una puerta trasera, tendrá problemas más importantes y tendrá que tener cuidado con las cosas que son más que solo sus cripto recursos robados.

Haga una copia de seguridad de su monedero

Su monedero será como su cuenta bancaria, y usted querrá hacer todo lo posible para proteger los activos que están en ella. Hay programas que puede encontrar en línea y sincronizar su monedero. Incluso hay algunos monederos que actualizarán automáticamente su copia de seguridad una vez que haya un cambio en su cuenta. Pero, también hay otros programas que harán que tenga que actualizar sus propias copias de seguridad. Otra forma en que podrá hacer una copia de seguridad de sus archivos es mediante un disco duro externo o una unidad flash que contenga los archivos JSON. Pero, es vital que también haga una copia de seguridad de sus claves, ya que, si alguna vez se bloquea el sistema y no tiene sus claves, perderá todo. No habrá una forma de acceder a sus claves externamente. Cuando tenga su clave pública y privada, estará demostrando al sistema que posee la cuenta y que no hay ninguna razón por la que deba mantenerse alejado de ella. Algunas copias de seguridad que puede utilizar son:

1. Backup wallet.dat
2. Bip 32 wallet

Varias firmas

Cuando configure su monedero, tendrá la opción de incluir varias firmas. Cuantas más firmas haya en su cuenta, más segura estará su cuenta debido al hecho de que garantizará que las transacciones no se completen sin su permiso. La otra persona que está en su monedero puede ser su socio comercial, cónyuge, padres o su amigo cercano. Solo asegúrese de elegir a alguien en quien pueda confiar para que pueda asegurarse de que no le robarán su criptomoneda ganada con esfuerzo. Si no desea tener a alguien más en su monedero, entonces querrá usar otro de sus dispositivos para una segunda firma. De esta manera, usted es el que tiene acceso a su cuenta y nadie va a saber siquiera que se requiere una firma para que las transacciones se realicen en la cadena de bloques. Algunos monederos que le permitirán usar múltiples firmas son:

1. Blocktrail
2. Coinbase

Capítulo Siete

Términos de criptomonedas

Las criptomonedas tendrán varias palabras de las que quizás no conozca la definición, y en esta sección obtendrá las definiciones aclaradas para que pueda comprender mejor el sistema que está utilizando.

1. Exchange: Los sitios web donde se compran y venden criptomonedas.
2. Fiat: Una moneda que es emitida por el gobierno.
3. Ballena: Una persona que posee una cantidad significativa de criptomonedas.
4. Órdenes límite: Si el comerciante hace un pedido para que la criptomoneda se pueda comprar o vender a un precio específico. Una vez que el precio alcance esa cantidad, se colocará una señal de "venta" para que otros la vean. Los pedidos generalmente se reservan en el lugar de cualquier comerciante en el mercado.
5. Muros de compra y venta: Los muros

de compra y venta muestran visualmente las percepciones de los comerciantes a través de los libros de pedidos o gráficas. Los muros de compra ocurren cuando la demanda o las órdenes de compra de una moneda específica son significativamente más altas que las órdenes de venta. Los muros de venta son justo lo contrario.

6. Órdenes de mercado: Comprar o vender al precio de mercado es lo que es una orden de mercado. Las compras en el mercado se realizarán cuando se compre el Ethereum más barato disponible para realizar pedidos; mientras que las ventas en el mercado completarán los costosos pedidos de compra que están en los libros.

7. Trading con margen: Magnificará la intensidad de sus operaciones arriesgando las monedas que tiene actualmente. Tenga en cuenta: Es recomendable que no intente esto a menos que tenga experiencia con las criptomonedas.

8. Ir en largo: Este será un comercio que le dará una ganancia debido al aumento de precio.

9. Ir en corto: Su operación le dará una ganancia, pero no la que quería, ya que el precio va a disminuir.

10. Bullish: Esto será cuando espere que su precio suba.

11. Bearish: Cuando el precio del mercado baja.

12. ATH: (All-time high o máximo histórico) va a ser cuando el mercado alcance precios que nunca ha tenido antes.

13. Altcoin: Esta es una moneda híbrida de Ethereum y Bitcoin.

14. Tokens: Las monedas digitales con las que trabajará.

15. ICO: La oferta inicial de monedas que será similar a una salida a bolsa fuera de las criptomonedas. Un startup tendrá su moneda que se colocará en el intercambio para que puedan obtener ether. Esto es como el crowdfunding.

16. Shilling / pumping: Cuando alguien anuncia una criptomoneda diferente. Por ejemplo, cuando una moneda va a

"curar el cáncer".

17. Moneda estable: Una moneda con baja volatilidad y que puede ser negociada contra el mercado en su conjunto.

18. Arbitraje: Siempre que aproveche una diferencia de precio en dos intercambios diferentes para el mismo token. A menudo se menciona cada vez que compara los precios de ETH en Corea con los intercambios de los Estados Unidos.

19. FOMO: (Fear Of Missing Out o miedo de perdérselo). Esta es una sensación de que necesitarás estar en algo porque va a comenzar a subir.

20. FUD: (Fear, Uncertainty, and Doubt o miedo, incertidumbre y duda). Esta es una negatividad sin fundamento que se propagará porque quiere que caiga el precio de la moneda.

21. FUDster: La persona que esparce FUD.

22. Pump y dump (o bombeo y descarga): El ciclo interminable de altcoins que reciben mucha atención lo que hará que el precio suba rápidamente antes de que se caiga sin explicación.

23. Bagholder: Cuando te sientas y mantienes tus altcoins después de un choque de bombeo y descarga. Este término también se referirá a alguien que se aferra a las monedas que están cayendo porque piensan que el precio volverá a subir en el futuro.

24. Capitalización del mercado: El valor total que una criptomoneda podrá mantener. Puede calcular la capitalización de mercado multiplicando la cantidad total de monedas por el precio de una unidad individual.

25. ROI: Retorno de la inversión. El porcentaje de cuánto dinero se va a hacer gracias a la primera inversión.

26. TA: Análisis de tendencias o análisis técnico. Esto define el proceso por el que pasará al analizar los gráficos actuales a medida que intenta averiguar cómo se moverá el mercado a continuación.

27. MACD: Divergencia y convergencia de media móvil. Un indicador de tendencia

que ilustrará la relación entre dos promedios de precios.

28. Bandas de Bollinger: El margen que se encuentra alrededor del precio de una moneda que ayudará a determinar cuándo una moneda se compra o se vende en exceso.

29. Blockchain: La tecnología en la que una aplicación de criptomoneda va a estar. Los blockchains tendrán libros de contabilidad (ledgers) distribuidos y serán bases de datos públicas que cualquier persona puede leer y acceder.

30. Nodo: La posesión de una computadora de un blockchain en la que se trabajará y modificará a medida que los usuarios agreguen cadenas al bloque.

31. Minar: Resolver problemas para que el siguiente bloque pueda ser agregado a la cadena. Será necesaria una gran cantidad de energía de la computadora para que la minería se realice de manera eficiente para que el minero sea recompensado.

32. Rig de minería: Una computadora que funciona en prueba de trabajo para

blockchains. Estas máquinas suelen tener varias GPU de gama alta para poder maximizar su poder de procesamiento.

33. Bifurcación: El momento en que un blockchain se divide en dos cadenas. Las bifurcaciones generalmente ocurrirán cuando haya nuevas reglas de gobierno ubicadas en el código para blockchain.

34. PoW: Prueba de trabajo.

35. PoS: Prueba de tenencia.

36. Sharding: La solución para escalar blockchains. Generalmente, cada nodo tendrá una red que contiene una copia completa de la cadena de bloques. Sharding va a ser un método que permite a los nodos tener una copia parcial de la cadena de bloques para que se pueda aumentar el rendimiento de la red.

37. Monedero de software: Almacenamiento de criptomoneda que existe en un archivo de software en una computadora. La mayoría de los monederos de software se pueden

descargar gratis.

38. Monedero de hardware: Este dispositivo también va a almacenar su criptomoneda. Esta suele ser la forma más segura de guardar su criptomoneda.

39. Almacenamiento en frío: Almacenar la criptomoneda fuera de línea para quepueda proteger de forma segura su moneda digital y evitar que sea hackeada. Hay varias maneras en que podrá utilizar el almacenamiento en frío.

1. Mover sus archivos a una cartera de software que se almacena en una unidad USB.
2. Usar un monedero de hardware.
3. Imprimir su código QR para su monedero de software y guardarlo en un lugar seguro.

Capítulo Ocho

Regulaciones de criptomonedas

Cada país tendrá diferentes regulaciones cuando se trata de criptomonedas. En muchos estados, la regulación de la criptomoneda no estará definida; y otros países han cambiado su postura sobre las criptomonedas porque han visto para qué se utilizan. Algunos países tendrán suficientes regulaciones sobre el uso de la criptomoneda que les limitará lo que pueden hacer. Y luego, habrá otros países que han hecho leyes donde está prohibido el uso de la criptomoneda. Al final, las regulaciones para la criptomoneda dependerán del gobierno y los tribunales de esa región.

El banco central de China ha dicho que no se les permite manejar la criptomoneda y no han podido hacerlo desde que se creó por primera vez. Al mismo tiempo, Rusia ha declarado que el uso de la criptomoneda es totalmente legal, pero no se les permitirá comprar nada porque no van a usar el rublo ruso.

En la primavera de 2014, se dictó el fallo de bitcoins de que habría un impuesto sobre la criptomoneda; y este veredicto fue creado por el Servicio de Impuestos Internos de los Estados Unidos. Por lo tanto, si está negociando criptomonedas, tendrá que pagar impuestos sobre esa criptomoneda siempre que los tenga en su poder. Con este fallo, la legalidad de las criptomonedas en los Estados Unidos es aclarada. Al final, los inversionistas criptográficos no tuvieron que preocuparse por sus inversiones que se hicieron con la criptomoneda ya que ahora entienden cómo reportarlas al IRS. Se publicaron artículos en Oxford y Warwick que indican cómo la criptomoneda tendrá las mismas características que los metales preciosos cuando se trata del mercado.

Esto causó que surgiera un problema con la criptomoneda, donde la comunidad de criptógrafos no pensaba que el gobierno se detendría allí cuando se trataba de gobernar la moneda digital. Verá un problema legal que surgió de la regulación de la criptomoneda cuando una compañía llamada Coinye usó el apellido de un famoso rapero sin su permiso. Se determinó que la empresa estaba involucrada en la infracción de marcas comerciales y en la ciberpiratería. Todo se redujo a que Coinye cambió su logotipo para asegurarse de que no estaban usando el nombre del rapero.

Economías globales

Desde que las criptomonedas se hicieron populares, se ha observado un aumento significativo de la demanda en la comunidad criptográfica de la moneda digital. Con este aumento surgió la preocupación de que una economía de persona a persona no regulada aumente en todo el mundo. Todo se reduce a que existe la amenaza de que los delincuentes cibernéticos se unan para usar la criptomoneda y afectar a la economía de una manera en la que el gobierno no está preparado.

Las redes de criptomonedas han empezado a mostrar que no existe una regulación que permita llegar a donde cada vez más inversores se suben a bordo para utilizar el intercambio descentralizado. Al mismo tiempo, hay una falta de control que hace que los criminales laven dinero y evadan impuestos.

Cualquier transacción de altcoin será independiente de cualquier sistema bancario y hará que la evasión de impuestos sea mucho más fácil para alguien que sabe lo que está haciendo. Dado que el IRS realiza un seguimiento de los ingresos imponibles, se está volviendo cada vez más difícil para las personas ocultar sus transacciones de criptomoneda; Sin embargo, no es cien por ciento infalible. Todavía habrá personas que puedan sortear el IRS y ocultar su dinero con la criptomoneda.

Dado que el sistema de criptomoneda funciona en el anonimato, la mayoría de los usuarios de la criptomoneda podrán lavar dinero sin que nadie sepa quiénes son debido al hecho de que el sistema ¡es realmente anónimo! Nota: esto no significa que deba usar la criptomoneda para el delito. Es el mero hecho de que habrá quienes utilicen la criptomoneda para la ciberdelincuencia y no hay nada que alguien pueda hacer al respecto porque ¡no hay regulaciones sobre la criptomoneda!

Fraude

Hubo un juez de distrito del este que decidió que las criptomonedas son una forma legal de moneda a pesar del hecho de que no cuenta con el respaldo del gobierno de los Estados Unidos. Esta decisión hace que la SEC tenga jurisdicción sobre la seguridad y el fraude que sucedió con la criptomoneda para que pueda ser atendida de manera eficiente.

Durante el otoño de 2013, la plataforma de criptomoneda china se cerró, lo que provocó la pérdida de cinco millones de dólares de moneda y sin poderse recuperar, ya que los usuarios no pudieron iniciar sesión y reclamar sus monedas.

El año siguiente, la criptomoneda fue traída a la atención de la nación debido a que Mt. Gox – un sensible intercambio de bitcoins –, dijo que se estaban declarando en bancarrota. Esta quiebra hace que se pierdan cuatrocientos setenta y tres millones de dólares debido a robo que se traduce en la pérdida de setecientas cincuenta mil monedas; Esto es alrededor del siete por ciento de los bitcoins que están en circulación. Debido a esta crisis, el precio de bitcoin cayó mil dólares en una semana y bajó para tener un valor de bitcoin hasta un total de cuatrocientos dólares en un mes. A medida que las tasas bajaron, el mercado recibió un golpe masivo y los usuarios comenzaron a perder su confianza en Bitcoin, lo que hizo que dejaran de comerciar en criptomoneda en la cadena de bloques de bitcoin.

Pasando a 2015, hay un agente en la Administración de Control de Drogas y otro en el Servicio Secreto de los Estados Unidos que fue acusado de fraude electrónico, lavado de dinero y robo de bitcoins mientras investigaba la Ruta de la Seda. (La primera Ruta de la Seda fue cerrada por el gobierno en 2013).

Fue en el mismo año que el propietario de GAW Miners fue acusado de fraude de valores cuando se encontró su participación en Paycoin. Este descubrimiento se produjo cuando se encontró que él era la persona que estaba detrás de este esquema de Ponzi al crear una mina para la minería en la nube, ya que utilizaba equipos de minería que se encontraron en un centro de datos. Se alegó que los mineros estaban minando moneda digital. Hubo alrededor de diez mil personas que compraron un haslet, y hubo diecinueve millones de dólares en haslets vendidos a los usuarios.

Un juez de Florida creó una demanda colectiva contra la criptomoneda Cryptsy y el propietario. Sin embargo, el propietario terminó escapando de China y no pudo ser procesado. El propietario de Cryptsy hizo un uso indebido de millones de dólares en depósitos de usuarios al decir que estaba usando el dinero para un propósito diferente.

El mercado de la red oscura

Las criptomonedas se han metido en algunos escenarios controvertidos cuando se trata de mercados negros que se encuentran en la ruta de la seda. La primera ruta de la seda se cerró como acaba de leer. Sin embargo, desde que sucedió, ha habido otras rutas de la seda que han aparecido. En este momento, la versión más actual es la versión 3.0, y ha tenido éxito y es uno de los mercados negros más utilizados que puede encontrar en línea. El mercado negro se ha descentralizado después del cierre de la primera ruta de la seda. Desde el cierre, hay alrededor de treinta y dos mil mercados negros que han aparecido, lo que ha provocado que aumente el número de drogas que se encuentran en línea.

Las redes oscuras causan un desafío de legalidad a las autoridades. Se utilizarán muchas criptomonedas en el mercado negro para asuntos ilegales, lo cual es una de las razones por las que son ilegales en algunas partes del mundo. Pero, cuando mira a los Estados Unidos, las criptomonedas se consideran un activo. Esta clasificación terminó poniendo más presión sobre las agencias de aplicación de la ley para que se adapten a cómo intentaban atrapar a los que venden drogas en el mercado negro.

Dado que la mayoría de los mercados negros pasarán por Tor, están trabajando en un dominio público. La dirección del mercado negro se podrá encontrar junto con formularios abiertos e incluso reseñas de los clientes. Sin embargo, la aplicación de la ley está teniendo un trabajo aún más difícil porque el mercado negro hace un excelente trabajo manteniendo a sus clientes en el anonimato. No hay nombres que se usen cuando las personas usan el mercado negro y, por lo tanto, no hay forma de que las autoridades sepan quiénes son o incluso dónde están. De hecho, los agentes de la ley tendrán suerte si consiguen un lugar de reunión para cuando suceda un negocio de drogas. La plataforma descentralizada viene de las criptomonedas y, a medida que la cadena de bloques evoluciona, es posible que estos mercados negros se desarrollen sacando una página del libro de blockchains para que puedan seguir eludiendo a la policía.

ICOs

Las ofertas iniciales de monedas no están reguladas, por lo que cuando se recaudan fondos para nuevas monedas digitales, no estarán sujetas a impuestos. Los ICO se utilizarán cuando las empresas nuevas deseen pasar por un proceso regulado que requerirá un capitalista de riesgo y la mayoría de los sistemas bancarios de fiat. Las campañas de ICO representarán un pequeño porcentaje de la criptomoneda que se vende a los patrocinadores que estaban allí cuando se inició Bitcoin por primera vez. Estas monedas se cambiarán por moneda fiat y otras criptomonedas que sean más estables y conocidas.

Capítulo Nueve

Signos de alerta para las criptomonedas

Hay desventajas en todo, lo que significa que también habrá desventajas en las criptomonedas. Lo crea o no, habrá cosas que querrá evitar para que pueda tener buenos intercambios con su criptomoneda. Si puede evitar estas tres cosas, ¡Lo hará muy bien!

Manténgase alejado de proyectos que tengan equipos pequeños

Cuando un proyecto tiene un equipo pequeño, generalmente significa que no va a tener éxito. Si bien eso no es del todo cierto, los grupos pequeños sugieren que los planes demorarán más en completarse.

Los equipos pequeños no van a ser algo malo. Pero con un pequeño número de personas trabajando en el proyecto, tendrán que estar más enfocados en asegurarse de que no cometan ningún error. Pero, dado que los desarrolladores son humanos, cometerán errores e incluso terminarán dejando que sus proyectos salgan al público en general con algunos errores.

Pero, eso será cuando envíe un informe de los errores que encuentre y tenga paciencia para que los desarrolladores puedan corregir los errores que no detectaron.

Manténgase alejado de una moneda que tenga un volumen bajo

El bajo volumen será una señal de que la moneda no va a estar disponible por mucho tiempo. Bajo volumen significa que no hay muchas monedas disponibles para que las consiga y, una vez que los usuarios las toman, ¿qué se supone que debe hacer?

Monedas "gaste en mí"

Algunas monedas trabajarán arduamente para que gaste su dinero en ellas, de modo que puedan obtener su dinero duramente ganado. Las monedas "gaste en mí" serán monedas que probablemente formarán parte de los dos signos de alerta que vio anteriormente.

Por lo tanto, deberá asegurarse de que está revisando todo a fondo e incluso verificar dos veces las monedas con las que desea invertir. Está bien si comete un error porque los errores son parte del ser humano, pero si puede evitar cometer errores que le tomarán tiempo y dinero, podría estar invirtiendo en otra criptomoneda que lo hará mejor.

No es la intención asustarle para que piense que solo debe invertir con una moneda establecida y estable; pero, nunca es malo tener un plan alternativo cuando se intenta ser diferente y apoyar pequeños cripto activos.

Capítulo Diez

Perspectivas largas y cortas sobre la inversión con criptomonedas

A largo plazo

Invertir con las criptomonedas será un objetivo a largo plazo, y tendrá que asegurarse de estar preparado para ello. Sin embargo, ¿cómo se prepara para el largo plazo?

Lo primero que tendrá que hacer es mirar los gráficos de cómo se mueve la criptomoneda en el mercado para el ciclo de ese mercado basado en sus proyecciones de lo que sucederá con su inversión. Podrá ver todos los gráficos de cada criptomoneda, pero querrá centrarse en el que está invirtiendo. A menos que no esté seguro en qué invertir y entonces es cuando invertirá a largo plazo.

Uno de los mejores consejos que podrá seguir es que debe encontrar una moneda que sepa que no va a caer sobre su cara poco después de invertir en ella. Por lo tanto, debe asegurarse de estar siguiendo los signos de alerta que vio en el capítulo anterior.

A corto plazo

El corto plazo terminará afectando sus inversiones a largo plazo. Pero, la cosa número uno que la mayoría de la gente mira cuando mira su juego corto es cuánto dinero podrán ganar en un corto período de tiempo. Por lo tanto, querrá encontrar una moneda que lo haga relativamente rápido sin tener que hacer mucho más porque cuando tiene que poner mucho trabajo en él, entonces no será a corto plazo.

Debe tener en mente el panorama general, de modo que pueda invertir el tiempo suficiente de manera adecuada para no dañar los objetivos que tiene en mente. Existe la posibilidad de que sus metas cambien cuando encuentre la moneda adecuada para invertir, pero eso no significa que tenga que sabotear esas metas solo con ver que podrá ganar dinero.

Invertir no es solo sobre las inversiones a corto plazo, sino también a largo plazo. Debe tener ambos en cuenta cuando planifique sus inversiones. Pero, podrá hacerlo, puede llevarle un tiempo, pero al final, será hasta donde vea su futuro con las criptomonedas.

También encontrará ayuda cuando vengan sus inversiones, mirando a la cripto comunidad. Por lo tanto, cuando intente encontrar a alguien que le dé consejos, debería tomarlos en serio porque es muy probable que hayan cometido algunos errores y querrá asegurarse de que no cometa los mismos errores. Además, tenga cuidado en quién confía, ya que habrá algunas personas que intentarán llevarlo en la dirección equivocada para que puedan intentar aumentar sus inversiones.

Capítulo Once

Economía y sellos de tiempo

En la criptomoneda en que esté invirtiendo, estarán sujetos a esquemas de sellado de tiempo. Los terceros también utilizarán estos esquemas para que puedan marcar las transacciones antes de que se agreguen al libro mayor de blockchain.

Prueba de trabajo

El primer esquema de sellos de tiempo al que se someterá es una prueba de trabajo. La prueba de trabajo es el esquema del que más se habla debido al SHA-256 que fue introducido por bitcoin a través de scrypt. Encontrará que las pruebas de trabajo se utilizarán con altcoins y monedas lite. Pero, los altcoins gobernarán el mundo de la criptomoneda debido al hecho de que hay alrededor de cuatrocientas ochenta implementaciones confirmadas de la moneda.

Algunos algoritmos de hash que usarán prueba de trabajo serán:

1. Cryptonight
2. X11
3. Blake
4. Sha-a

Se han hecho modificaciones al código para que se pueda establecer una solución para arreglar el problema de escala que ocurre con el libro mayor de IOTA. IOTA utilizará un algoritmo de prueba de trabajo simplificado que será un gráfico acíclico dirigido. Cualquier nueva transacción será parte del libro mayor después de que el remitente haya mostrado su prueba de trabajo. Todos los que trabajen en el libro mayor tendrán que explicar su prueba de trabajo; Especialmente si se consideran mineros. Este sistema se escalará automáticamente para que se pueda utilizar más.

Prueba de participación y esquemas

combinados

Las criptomonedas no solo tendrán que trabajar con la prueba de trabajo, sino que también tendrán que usar la prueba de participación. Esta técnica se utilizará para proteger la red a medida que logre un consenso distribuido cuando solicite a los usuarios que muestren la propiedad de su criptomoneda. La prueba de participación será diferente de la evidencia de trabajo, ya que habrá varios algoritmos que tienen que validar las transacciones. Este esquema dependerá de la moneda en la que esté invirtiendo, pero no habrá una forma estándar que se utilizará en este momento.

Economía

Cuando se utiliza una criptomoneda fuera del sector financiero y del sector gubernamental, funcionará en un modo de intercambio descentralizado durante sus etapas iniciales. Debido a esto, habrá un conjunto único de problemas que el sistema tendrá que superar, incluso si el sistema ya está establecido en moneda digital y pagos. En el verano de 2017, la capitalización total del mercado para la criptomoneda fue de cien mil millones de dólares y alcanzó un récord diario de seis mil millones de dólares, si no más.

Competencia

Cuando se contabilizó por última vez en el otoño de 2017, existían mil cien monedas digitales que los usuarios utilizaban en todo el mundo. Esto significa que hay muchas criptomonedas que un inversor tendrá la opción de elegir.

Índices

A medida que siga el desarrollo de las criptomonedas, deberá examinar su índice para poder realizar un seguimiento de su valor de mercado general. Estos índices serán la mejor herramienta que tendrá al tratar de determinar cómo una moneda va a superar a su competencia para que puedan mantener su lugar actual en el índice si no puede subir en el índice.

A medida que examine los índices, también ahorrará tiempo para no tener que ir y venir entre diferentes gráficos que le mostrarán cómo le va a una criptomoneda. Se le ha aconsejado que mire los índices de vez en cuando para poder hacer un seguimiento de lo que está haciendo el mercado y cambiar sus estrategias según sea necesario.

Crypto index CRIX

El índice CRIX es la medida de la moneda digital. Fue desarrollado por primera vez por un estadístico en la Universidad de Berlín, la empresa CoinGecko y la universidad de Singapur. Este índice representará las diversas características que ha tenido cada moneda digital desde 2014.

El algoritmo CRIX va a utilizar el índice, y

tendrá que cambiar con regularidad ya que se están desarrollando nuevas criptomonedas todo el tiempo. Para colmo, el índice pensará acerca de la lectura poco frecuente que se produce con las criptomonedas que ya están establecidas. Por lo tanto, los números en el índice se ajustarán cada trimestre para representar el mercado en su conjunto.

El CRIX es el primer índice que es lo suficientemente dinámico como para mostrar los cambios que ocurren en el mercado de las criptomonedas.

Índice de criptomonedas CCI30

Este índice tomará las treinta monedas más altas y las pondrá en orden según su valor. Hay un equipo de analistas, matemáticos e incluso comerciantes que se reunirán para hacer este índice. El índice se actualizará cada trimestre y estará abierto para que el público lo vea. CCI30 se ponderará según el promedio móvil de la capitalización del mercado.

Capítulo Doce

Rompiendo los mitos

Con lo nueva que es la criptomoneda, habrá quienes salgan con información al respecto sin que la entiendan. Estos mitos son la razón por la que tendrá que hacer su investigación para asegurarse de que está obteniendo la verdad sobre la criptomoneda para que no comience a invertir en una mentira.

1. Usted estará invirtiendo en una estafa pirámide. La respuesta a esto es: falso. Hay un algoritmo que se encuentra detrás de la tecnología para las criptomonedas que no permite ventajas ni desventajas para acudir a un inversor en particular. Y, el sistema no va a tener favoritismo con los inversores. La criptomoneda no debe utilizarse como un vehículo de especulación, sino como un tipo de moneda, precisamente eso es lo que es. Asegúrese de tener cuidado con su dinero digital porque estará en riesgo

de aquellos que acumularán sus monedas. También existe la posibilidad de que alguien intente engañarlo para que pague por un servicio o bien que nunca va a recibir.

2. Bitcoin no tiene un verdadero inventor. Sí, eso es correcto. El Satoshi Nakamoto es un grupo de personas que trabajan en el algoritmo que se convirtió en bitcoin. Dado que la moneda digital se basa en las matemáticas, no va a haber una parte de la personalidad de alguien vinculada a eso, lo que significa que no va a importar quién creó bitcoin. Si supiera quién creó la moneda, ¿le ayudaría a hacer buenas operaciones? ¡La respuesta va a ser no! Saber quién creó la moneda no está aquí ni allí, y eso significa que no necesita saber quién la creó. Si desea saber quién la creó, puede investigar un poco para averiguarlo, pero al final, no tendrá nada que ver con sus inversiones, así que ¿qué importa?

3. Hay un número incalculable de veces que el blockchain ha sido hackeado. Lo siento, la respuesta a esto es no, no hay. No ha habido hackeos a la criptomoneda blockchain desde que se lanzó para que la usara el público. Habrá intercambios, monederos, empresas y minas en la nube que han sido objeto de ataques cibernéticos. Pero, esto es porque no son seguras como blockchain. La tecnología detrás de blockchain fue creada de tal manera que será uno de los sitios web más seguros del mundo. Y, para colmo, no habrá ninguna información personal puesta en ella. ¡Eso lo hace aún mejor! Sin información personal, no hay nada en la cadena de bloques que los hackers quieran tener en sus manos. En su lugar, irán tras las compañías para obtener su información o los monederos privados para las criptomonedas que se almacenan allí.

4. El valor de la criptomoneda dependerá

de cuánta potencia de procesamiento necesite. Esta es otra mentira. No se puede medir la potencia de procesamiento de la criptomoneda. El valor de las monedas dependerá de qué tan alta sea la demanda de esa moneda. Cuanto mayor sea la solicitud, mayor será el precio en el intercambio. La criptomoneda no es diferente de cualquier otra cosa que pueda comprar. El precio también va a coincidir con la demanda de esta.

5. La moneda digital es ilegal. Esta va a ser una respuesta mixta. Algunos países prohíben el uso de la criptomoneda. Pero, además de estos pocos países, la criptomoneda será legal, pero es posible que se impongan restricciones a la forma en que se puede utilizar la moneda. No puedes invertir en criptomoneda en estos países:

1. Bangladesh
2. Kirguistán
3. Ecuador

4. Bolivia

6. La criptomoneda es la mejor moneda para los delitos cibernéticos. ¡Esto es erróneo! Los delitos ilegales se cometen con dinero en efectivo al igual que con la criptomoneda. Solo porque la moneda cambie, no significa que la tasa de criminalidad vaya a subir. Lo único que la moneda digital va a proporcionar a quienes la usan para delitos ilegales es el anonimato. Sí, ha habido algunos tratos ilícitos completados con la criptomoneda; y, cuando se descubre, y el individuo que se encuentra detrás de él, se toman medidas para callar a esa persona y garantizar que no vuelva a suceder.

7. No puedes controlar la inflación, lo que significa al final, que las criptomonedas fallarán. Puedes hablar con cientos de personas y obtendrás una respuesta diferente cada vez. Algunos creen que las criptomonedas tienen una cobertura que las protegerá de la

inflación. Sin embargo, hay quienes afirman que los sistemas descentralizados se basarán en la estabilidad durante un período prolongado. Sin embargo, no hay forma de que puedas saber cómo afectará la inflación a la moneda digital hasta que suceda.

8. La moneda digital va a ser considerada moneda fiat. Hasta ahora no había habido una respuesta definitiva a este mito. Pero, para que una moneda se convierta en moneda fiat, tiene que contar con el respaldo de algún producto físico, además de estar respaldada por el gobierno de esa región. Bitcoin es mitad fiat, ya que actualmente no cuenta con el apoyo del gobierno para ser una moneda de curso legal. Pero, los bitcoins serán respaldados por dios. Entonces, cuando el valor de bitcoin suba, será debido a la oferta y la demanda.

9. Bitcoin es la única moneda alternativa

que importa. Sin embargo, hay otras monedas que deberá observar y examinar antes de poder invertir en una criptomoneda cuando no sepa que existen diferentes tipos. Algunas otras monedas son:

1. Ripple
2. Ethereum
3. Zash
4. Monero
5. Lite coin

10. Los usuarios de criptomoneda son anarquistas. Imagine un pitido fuerte que se apaga, porque esto es un error. De hecho, se sorprenderá al saber que hay algunos nombres importantes que han invertido en las criptomonedas para que puedan ampliar sus inversiones. Estos grandes nombres serán personas como Al Gore e incluso Bill Gates. Cada vez que descubre que alguien que conoce y posiblemente incluso admira, usa la criptomoneda, le dan ganas de invertir más, ¿no? Porque

si lo hacen, ¿cuál podría ser el riesgo? Bueno, cuidado con esas inversiones porque incluso los grandes nombres que conoce y ama estarán abiertos a cambios que les costarán todo lo que saben. Por lo tanto, no importa cuántas personas se unan a la plataforma de blockchain porque Patrick Byrne lo usa, aún puede perder todas sus inversiones.

11. Las transacciones de Bitcoin no se pueden cambiar. Esto va a ser cierto. Si está utilizando un procesador potente, el proceso de grabación no cambiará. Por ejemplo, si ha perdido dinero debido a un sitio web como PayPal. Una vez que le hayan entregado sus pertenencias criptográficas, será prudente que las coloque detrás de una gruesa capa de seguridad, tal como lo supo anteriormente. Cuanta más seguridad tenga para proteger sus activos, más difícil será para alguien romper el sistema y obtener sus monedas.

12. Las computadoras cuánticas pueden romper la seguridad de bitcoin. En teoría, esto va a ser cierto. Pero como no hay una computadora que tenga un procesador lo suficientemente fuerte, no se sabe si esto es posible o no. Los bancos tradicionales siempre estarán abiertos a los ataques debido a lo vulnerables que son. Es por eso que el grupo Nakamoto trabajó duro para asegurarse de que el sistema blockchain no pueda ser hackeado. Lo más probable es que este grupo de personas haya sido víctima de que alguien tome dinero de su cuenta bancaria, y no querían que nadie más tuviera que pasar por lo mismo que ellos. Pero, todo se reduce a que los usuarios serán el punto más débil de cualquier sistema. Cuando alguien ingresa en su cuenta, no tardará mucho en ingresar a la cadena de bloques. Pero, será un poco más difícil para un hacker lograr esto si tiene la cantidad adecuada de seguridad configurada.

Recuerde, utilice una contraseña segura y cifre su información. Si cree que alguien podrá superar las defensas que ha configurado, ¡configure un poco más!

13. La minería de criptomoneda causa daños al medio ambiente. ¡Incorrecto! La minería de criptomoneda va a tomar una computadora y su tiempo. Por lo tanto, ni siquiera va a necesitar vestirse para minar criptomonedas. A diferencia de cuando usted extrae metales preciosos, tendrá que pagar por el camión, el gas y el almacenamiento de ese metal. Pero, las criptomonedas no van a requerir nada de esto. Puede haber una pequeña tarifa para que almacene su moneda, pero no va a hacer nada al medio ambiente ya que no está sacando algo físicamente del suelo y moviéndolo. De hecho, la minería criptográfica es la minería más limpia de la que tendrá el placer de ser parte.

Hay un millón y un mitos más sobre los que escuchará o leerá, y debe asegurarse de estar tomando todo lo que escucha con un grano de sal, a menos que esté seguro de que la fuente que está utilizando no le va a mentir. Tiene mi palabra de que los mitos que ha escuchado en este capítulo y toda la otra información que se ha colocado en este libro lo ayudarán en lugar de perjudicarlo en sus inversiones. Entonces, no va a tener que preocuparse por eso.

Sin embargo, si aún no está seguro de lo que está escuchando, ¡asegúrese de buscarlo! Tener la información correcta valdrá la pena el tiempo adicional que le tomó para asegurarse de que estaba recibiendo la información correcta en lugar de aferrarse a datos erróneos y tener que recuperarse debido a eso.

Capítulo Trece

¡Comerciantes adelante!

Como comerciante, necesitará toda la ayuda que pueda obtener cuando se trata de criptomonedas. Entonces, considere esta su guía única para obtener consejos y sugerencias útiles ¡para que le sea más fácil realizar su cripto comercio!

Si cuenta con los recursos adecuados, tendrá toda la información que necesita para facilitar sus operaciones de criptomoneda. Podrá conectarse y encontrar una amplia gama de recursos, pero no le darán la respuesta que necesita de inmediato. Por supuesto, siempre puede pedirle a alguien más la respuesta, pero será más rápido si tiene una guía de recursos al alcance de su mano y este capítulo ¡será la guía de recursos que necesita!

Recursos

1. **Indicaciones:**

Para este recurso, recibirá mensajes en su teléfono a través de una aplicación de comunicación. Los mensajes le informarán sobre las operaciones que se han seleccionado solo para usted y sus tipos de inversión, de modo que, con suerte, obtenga una ganancia. Tendrá que tener algún entrenamiento o experiencia en intercambios para llevarlos a cabo como se supone que deben llevarse a cabo. Pero, esto no significa que no pueda aprender. ¡Todos tienen que empezar en alguna parte!

2. **Curso:**

Esta es una clase que lo habilitará a través de videos para que pueda aprender más sobre el intercambio de criptomonedas. En el caso de que sea una persona que necesite poco tiempo adicional y ayudas para aprender algo nuevo, esto será perfecto para usted, ya que podrá pausar el video y volver a él en cualquier momento. El curso está destinado a evitar que aquellos que están abrumados se sientan demasiado abrumados y terminen sus operaciones demasiado pronto o que no realicen transacciones en el momento correcto.

3. Curso y comunidad:

Con estos obtendrá videos para ayudarlo en sus transacciones, pero también será agregado a la comunidad en Facebook para que pueda encontrar personas dispuestas a ayudarlo en el camino. Habrá una sesión en vivo para mostrarle algunos ejemplos de transacciones que puede realizar en su cuenta. Este curso será acelerado y contendrá una gran cantidad de información que se dirigirá a aquellos que tienen un poco más de experiencia en sus operaciones. El curso y la comunidad no se recomiendan para personas que se sienten abrumadas rápidamente.

4. Curso con matrícula:

Le costará quinientos dólares y luego ciento cincuenta dólares por mes de manera recurrente para que pueda comunicarse con comerciantes bien establecidos. También existe la opción de pagar novecientos noventa dólares por una sesión de tres cursos que le mostrarán paso a paso cómo negociar con la criptomoneda.

Riesgos

Como ya sabe o descubrirá, la criptomoneda tendrá sus ventajas sobre el dinero controlado por el gobierno. Los inversores inteligentes le informarán que tiene que conocer los riesgos de sus operaciones para que pueda asegurarse de que no vayan a salir mal.

Si bien no es dinero tradicional, debe pensar en la criptomoneda como dinero, ya que podrá comprar cosas con él y deberá tratarlo como moneda fiat. Al mismo tiempo, las criptomonedas serán similares al oro y la plata, ya que son una mercancía y son tan valiosas como vulnerables. Por lo tanto, asegúrese de tratarlo como oro también. Si bien eso lo hace confuso, la única forma en que puedo informarle sobre cómo querrá tratar su criptomoneda es tratarla como la cosa más valiosa del mundo, de la que no va a obtener más. De esa manera no va a estar desperdiciándola.

No debe permitir que los riesgos de comerciar con la criptomoneda le impidan invertir en ella de todos modos. Sin embargo, debe permitir que le muestre cómo debe invertir y cómo podrá hacer un seguimiento del mercado y cambiar sus estrategias acordemente. Una de las mejores cosas que puede hacer para sus inversiones es considerarlas como un panorama general. Habrá fluctuaciones en el mercado, y estas tampoco deberían asustarlo. Si el mercado cae, en algún momento, ¡está destinado a volver a subir!

Las criptomonedas se cifrarán para

mantenerlas seguras. Pero, esto también va a causar un problema. El código que utilizará para identificar la moneda será utilizado por el sistema en lugar del propietario de la moneda. Si tiene cualquier cantidad de moneda digital, el sistema no lo sabrá porque habrá un sello en la moneda que muestra cuándo se distribuyó, pero no a quién se le distribuyó. Esta es la razón por la que debe seguir algunas de las instrucciones que vio anteriormente para mantener su moneda segura.

La criptomoneda tiene la capacidad de perder su valor. Si el interés de un inversor no se concreta, la acción terminará afectando a la economía global. Pero, va a ser aún más grave en la forma en que afecta a los valores de la criptomoneda a pesar del hecho de que existen medidas de seguridad para evitar que este evento ocurra.

Habrá otros riesgos con los que tendrá que lidiar; pero habrá algunos que deberá conocer para que pueda vigilar sus operaciones. Cuanto más sepa sobre los riesgos del comercio de criptomonedas, más fácil le será evitar perder dinero.

Consejo

No importa cuánta experiencia tenga en el comercio, siempre habrá algunos consejos de los que podrá obtener información para que pueda seguir mejorando sus operaciones y aumentar sus ganancias.

1. **Fuentes de sesgo:** las fuentes de sesgo serán similares al bombeo y descarga que ocurren debido a un comportamiento indeterminado en el sistema. Hay muchas personas que ponen información incorrecta en la web para que puedan intentar deshacerse de la gente y ganar más dinero para ellos mismos. Por lo tanto, **tenga cuidado con la información que lee en línea.**

2. **Invertir en sus recursos**: No saque dinero de sus ahorros que no podrá gastar. Debe asegurarse de poder vivir su vida y mantenerse al día con sus operaciones. No gaste más dinero, entonces puede gastar en sus operaciones. Por lo tanto, es aconsejable que elija una cantidad específica y se limite a realizar transacciones comerciales para saber exactamente cuánto gastará cada vez mientras se mantiene al día con sus gastos diarios.

3. **Fije metas:** La criptomoneda no es una estafa de hacerse rico rápido. De este modo, debe asegurarse de que está estableciendo objetivos que podrá alcanzar para que pueda seguir operando y tener éxito. Es una buena idea establecer metas pequeñas que lo ayudarán a alcanzar su meta general. Y, ganar dinero no será el objetivo que usted querrá establecer o, de lo contrario, se desanimará rápidamente cuando tenga una operación o dos que

terminen fracasando.

4. **No entre en pánico:** El mercado tendrá sus altibajos al igual que el mercado de valores. Por lo tanto, no se asuste cuando el mercado caiga porque eventualmente volverá a subir. Pero, antes de invertir, asegúrese de que está haciendo su investigación para no invertir en una empresa que va a llegar a su fin justo después de invertir en ellos. ¡Encuentre una compañía que lo esté haciendo bien y que muestre una mejora! Solo asegúrese de encargarse de toda su moneda digital cuando el mercado caiga o, de lo contrario, cuando se recupere, se quedará sin nada y se verá obligado a comenzar de nuevo.

5. **Conjeturas:** El uso de su instinto no es una forma confiable de hacer intercambios. Es imperativo que preste atención a lo que el mercado está haciendo para que pueda tomar una decisión informada. Habrá ocasiones en

que su intuición estará en lo correcto, pero también habrá ocasiones en que su intuición estará equivocada. Si confía en su instinto, tendrá que estar preparado para la posibilidad de que perderá todo debido al movimiento incorrecto.

6. **Aprenda de sus errores:** Como se ha dicho antes, usted es humano y cometerá errores. Es por eso que no debe estar molesto cuando haga el movimiento equivocado. La única vez que debería estar molesto es cuando no aprenda de sus errores y vuelva a cometer el mismo error. Cuando no aprende de sus errores, no gana nada, y eso hará que se quede atascado en un bucle sin fin del que solo usted podrá salir. Pero ¿cuánto tiempo le llevará antes de que pueda salir de eso? Aprender de los errores mejorará sus operaciones y le hará una mejor persona.

7. **Trace su curso:** Debe seguir las

tendencias para saber cuándo debe salir de las operaciones y cuándo debe volver a ellas. Si puede seguir las trazas que crea el mercado, entonces sabrá mejor cuál será el valor de su token y qué es lo más probable que haga durante un período prolongado de tiempo.

8. **Ame su criptomoneda:** ¡Muestre pasión por su criptomoneda! Wall Street no está seco porque las personas que lo comercian tienen una pasión por lo que están haciendo. Ponen su corazón y alma en todos sus oficios, aunque saben que el riesgo de fallar en algún momento es alto. Entonces, cuanto más pasión tenga, menos probable es que fracase. Y, cuando fracase, no estará tan molesto porque sabe que así es como van algunas operaciones.

9. **Aprendizaje:** ¡Nunca se puede aprender demasiado! Deberá mantenerse al día con las

criptomonedas y con lo que están haciendo para que pueda mantener sus operaciones al día. Cuando sale una nueva moneda, debe saberlo. Esto no significa que tenga que invertir en esa moneda, pero eso no significa que deba ser una gran sorpresa para usted encontrar una nueva moneda. La criptomoneda estará mucho en las noticias a medida que evolucione y mejore. Se recomienda que lea todos estos artículos, incluso si no lo van a ayudar en el futuro inmediato, pueden ayudarlo más adelante en el futuro.

10. **Diviértase:** El comercio no tiene que ser un proceso de máquina por el que pasa. ¡Comerciar con la criptomoneda puede ser divertido si lo hace así!

Capítulo Catorce

Cripto esquema Ponzi

En el año 2017, hubo una cripto empresa que ganó doce punto cinco millones de dólares en unos momentos. La venta sería el punto de partida para el desarrollo de un nuevo mercado, de modo que se pudieran hacer pronósticos precisos sobre lo que el mercado haría en el futuro.

Fue el mismo día en que una compañía con el nombre de Onecoin hizo un lanzamiento de venta para su nueva moneda y terminó siendo asaltada por agentes de ejecución financiera, donde al menos la mitad de su junta directiva terminó en la cárcel y al menos dos millones de dólares incautados

Algunas autoridades nacionales asistieron a la reunión y se informó que dijeron que Onecoin estaba tratando de promocionarse a sí misma como bitcoin a través de un esquema Ponzi. Pero, en este punto, la compañía ya había sido arrestada y se habían encontrado trescientos cincuenta millones de dólares que habían sido estafados a los inversores a través de un procesador de pagos que estaba ubicado en Alemania.

Si bien ambos proyectos tenían la esperanza de que tendrían éxito, uno apostaba su éxito a la actividad criminal y era necesario que se cerrara. En los meses que siguieron a la redada, dos docenas de compañías comenzaron a tratar de construir sus tecnologías de cadena de bloques. Las ofertas para estas tecnologías se convirtieron en ICOs que terminaron causando la próxima fiebre del oro digital. Mientras observa la investigación, puede ver que una compañía con el nombre de Smith y Crown terminó introduciendo veintisiete punto seis millones de dólares solo durante las dos primeras semanas de mayo.

Sin embargo, los ICO no son más que trampas para las compañías que intentan estafar a las personas utilizando tecnologías de cadena de bloques, y eso no es algo que vaya a hacer una IPO. Tenga en cuenta que las ICO no se regirán por una autoridad financiera. Por lo tanto, tendrán que trabajar en un sistema de controles y balance para que puedan permanecer en la cima. Lamentablemente para Onecoin, eran demasiado verbales sobre lo que estaban tratando de hacer con la tecnología para blockchain, y se descubrió que había huecos en sus reclamos.

Pero, al mismo tiempo, la compañía real – Gnosis– estaba trabajando con ingenieros que tenían experiencia con estas tecnologías y con expertos que los respaldaban. Y esto no es algo que Onecoin tenía. Onecoin incluso intentó atraer a los ingenieros de bitcoin a su lado para que trabajaran para ellos. Sin embargo, cuando se revelaron sus sistemas, era evidente que estaban trabajando con hojas de cálculo de Excel y registros de transacciones falsos.

A pesar de lo mal que estaba su sistema, lograron obtener más dinero que una verdadera compañía de blockchain, que intentaba hacer lo mismo, pero a nivel legal. Cada vez que los inversores observaban qué tan diferente era el financiamiento para cada grupo, se sorprendían de que nadie fuera capaz de detectar la diferencia entre un negocio real y uno falso.

Cuando los grupos como Onecoin no se mantienen bajo control, terminarán destruyendo la comunidad de criptomonedas antes de que tenga la capacidad de convertirse en algo más. Entonces, cuando esté invirtiendo en una empresa, investigue e intente mantenerse alejado de aquellos que no son reales. Va a ser muy difícil para usted ver la diferencia, pero, si parece demasiado bueno para ser verdad, entonces es mejor mantenerse alejado de ella.

La SEC terminó en el juicio contra Onecoin para que pudieran intentar ayudar a encontrar una solución para cómo tratar con otras compañías como Onecoin, si alguna vez vuelven a aparecer.

Un especialista en seguridad de Pepper Hamilton dijo: "si los fiscales creen que son malos, podrían decir que merecen veinte años de cárcel".

En otras palabras, el Sr. Kornfeld estaba tratando de mostrar cómo es fácil decir una cosa y ponerse en marcha basándose en eso, como lo que se pudo hacer cuando comenzaron a crear las afirmaciones de que iban a corregir la tecnología de blockchain y hacerlo mejor. Y, debido a Onecoin, también se examinó a Gnosis para ver si eran verdaderamente legítimos o no.

Al examinar sus reclamos, se descubrió que estaban agregando datos y que al hacer esto, podrían haber encontrado la nueva red troncal para la tecnología de la cadena de bloques, de modo que los sistemas complejos podrían manejarse cuando se trata del tráfico de los mercados financieros. Sin embargo, cuando se vendieron doce punto cinco millones de dólares al ICO, comenzaban a mostrar que alrededor del cinco por ciento de sus tokens se destinaban a la creación de estas tecnologías que terminaban causando que el valor del token disminuyera en una cantidad considerable.

Muchas startups de blockchain acabarán quedándose estancadas en un punto en el que no podrán aumentar su valor, a diferencia de Gnosis. Gnosis fue capaz de seguir empujando y casi llegó a la línea de meta antes de que Onecoin causara que se detuvieran y fueran investigados.

Ahora, algunas regulaciones están empezando a desarrollarse y ponerse en marcha para los proyectos de blockchain, de modo que no puedan dañar a blockchain y los inversores no se queden atrapados en una estafa y pierdan dinero.

Onecoin es solo un ejemplo de una

compañía que pudo robar dinero de los inversores de blockchain, y hay muchos más por ahí. Como probablemente sabrá, los esquemas Ponzi no desaparecen, una vez que comienzan a fallar, se cierran rápidamente y se abren de nuevo bajo algo diferente; Onecoin no tuvo esa oportunidad - ¡afortunadamente!

Debe tener mucho cuidado con su inversión para no quedar atrapado en estas estafas. Puede que no sea el cerebro detrás de la estafa, pero podría terminar teniendo problemas por contribuir a la estafa, aunque probablemente ni siquiera sepa que es una estafa.

Conclusión

Gracias por llegar hasta el final de Invertir con criptomonedas, esperamos que haya sido informativo y que pueda proporcionarle todas las herramientas que necesita para alcanzar sus objetivos, sean cuales sean.

El siguiente paso es elegir una criptomoneda con la que desee invertir. Hay muchas por ahí, así que debe asegurarse de que está haciendo su investigación y encontrando la que sea mejor para usted. No hay ninguna promesa de que alguna le va a dar todo lo que desea, pero es crucial que solo trabaje con una para que no tenga ganas de sobrepasarse e invertir con más de una criptomoneda.

Si invierte con más de una criptomoneda, se estará estirando demasiado, y en algún punto de la línea cometerá un error. Por lo tanto, para evitar eso, debe asegurarse de que está mirando cada plataforma y lo que tiene para ofrecerle.

Tal vez más adelante en el futuro, habrá una forma en que podrá invertir en más de una moneda. Pero en este momento, debe tener cuidado con sus estrategias de inversión y asegurarse de que está invirtiendo en la que desea antes de encontrarse abandonando su cuenta para poder ir a otra plataforma.

Tenga en cuenta todo lo que ha aprendido aquí. Lo más importante que sacar de este libro es que debe estar seguro cuando usa criptomonedas. Habrá gente que quiera tomar sus monedas y guardarlas para sí mismos. Debe proteger sus cuentas, sus monederos y vigilar las inversiones que está realizando para que no caiga en una estafa como vio en el último capítulo.

En caso de duda, déjelo. Lo peor que sucederá es que la oportunidad de inversión será real y que se la perderá. Pero hay otras oportunidades para usted.

Parte 2

INTRODUCCIÓN

Si está leyendo esto, probablemente ya haya escuchado sobre el gran auge de los precios de la criptomoneda que ocurrió en 2017. Si usted es como la mayoría de las personas que están afuera para el bucle de criptomoneda, probablemente se esté preguntando por qué sucedió. ¿Por qué el mercado de inversión se está volviendo loco con esta nueva tecnología? ¿Son la criptomoneda y la cadena de bloques (su tecnología subyacente) realmente el camino del futuro? Más importante aún, ¿cómo te afectan estas tecnologías emergentes?Este libro tiene como objetivo responder estas preguntas por ti. Cubre los temas más básicos, como qué es blockchain y qué son las criptomonedas. También habla sobre los eventos que ocurrieron desde el inicio de la criptomoneda a fines de los años 90 y 2000, hasta ahora.

Cuando haya terminado de leer este libro, habrá alcanzado efectivamente las cosas que suceden en el mercado de la criptomoneda. Discute los diferentes tipos de criptomonedas y el proceso de desarrollo que cada uno de ellos está tomando. Habla de las comunidades que rodean este mercado y cómo influyen en el mundo de la criptomoneda.Este libro incluso habla sobre los pasos que puede tomar si desea participar en el mercado de la criptomoneda como comerciante, minero o usuario. Conocer los diferentes roles que puede asumir en el mercado de divisas es esencial para obtener una vista panorámica de toda la industria.

Independientemente de lo que dicen los expertos, las criptomonedas están aquí para quedarse. La gente está alentando a que estas nuevas formas de monedas tengan éxito y están mostrando su apoyo al invertir en ellas. Al conocer todo sobre ellos, podrá tomar una decisión informada sobre si desea participar en esta industria o no.

Comencemos el viaje.

CAPÍTULO 1: ¿Qué Es La Criptomoneda Y Cómo Funciona?

Las criptomonedas como Bitcoin y Ethereum están siempre en las noticias. Su popularidad proviene del hecho de que ahora son un activo negociado activamente. Muchas personas están considerando participar en el comercio de estas nuevas formas de activos digitales. Sin embargo, la mayoría de ellos están condenados a perder dinero si no investigan antes de participar en el mercado de la criptomoneda.En este capítulo, discutiremos qué son estas criptomonedas y cómo funcionan.

¿Qué son las criptomonedas?

Las criptomonedas, como su nombre indica, están destinadas a ser un reemplazo del efectivo al realizar transacciones a través de Internet. Los creadores de esta nueva forma de efectivo pensaron que debido a que Internet no tiene fronteras, no debería haber barreras que impidan las transacciones entre compradores y vendedores en todo el mundo.

Antes de las criptomonedas, los negocios en línea estaban limitados por muchos factores para volverse verdaderamente globales. Un negocio en línea, por ejemplo, solo usa la moneda fiduciaria de su país de origen. Un negocio en Japón, por ejemplo, es probable que use el yen japonés para realizar transacciones. Si la empresa quiere volverse verdaderamente global, necesita abrir cuentas de comerciantes que acepten monedas de diferentes países.

Al hacer esto, el negocio se está exponiendo a muchos riesgos, como la posibilidad de un tipo de cambio desfavorable con otras monedas. Con monedas de más de cien países diferentes, es imposible realizar un seguimiento de cada uno.

Una criptomoneda establecida con éxito tiene como objetivo cambiar todo esto. Al tratar con solo un puñado de criptomonedas, las empresas de todo el mundo pueden minimizar el riesgo de cambio de moneda.

Una breve historia de las criptomonedas.
La idea de una moneda en línea no es nueva. Sin embargo, en el pasado, solo se ha explorado en el campo académico de la informática. Sin embargo, en la práctica, las empresas aún prefieren utilizar la forma digital de las monedas fiduciarias cuando realizan transacciones en línea.

El primer esfuerzo anunciado públicamente para establecer una moneda en línea libre de cualquier moneda fiduciaria fue en 1983 por un criptógrafo llamado David Chaum. Introdujo la moneda virtual llamada eCash, que está diseñada para mantener a los usuarios en el anonimato mediante el uso de la criptografía. Sin embargo, en 1983, el número de usuarios de Internet seguía siendo bajo, sin mencionar el número de empresas que ya operaban en línea. Debido a la inmadurez del mundo de los negocios en línea, la primera versión de la criptomoneda no despegó.

En 1996, la Agencia de Seguridad Nacional de los Estados Unidos (NSA, por sus siglas en inglés) publicó un documento titulado "Cómo hacer una menta: la criptografía de efectivo electrónico anónimo". Se habló de la creación de una moneda electrónica anónima. Fue publicado en la lista de correo del Massachusetts Institute of Technology (MIT) y en el volumen 46 de la edición de 1997 de The American Law Review.

No fue una sorpresa que Wei Dai, un ingeniero informático y uno de los pioneros de la industria de la criptomoneda, probara de inmediato la implementación de los conceptos discutidos en el documento. Publicó B-Money, que es un sistema de efectivo electrónico similar a la criptomoneda de hoy en día. El sistema también utilizó la criptografía para mantener la identidad de los usuarios anónima. El artículo que hablaba de B-Money fue publicado en 1998.

En el mismo año, Nick Szabo, un pionero en el campo y también científico informático, introdujo bitgold, que es una versión temprana de los bitcoins modernos. Es el primer sistema de moneda electrónica que aplica el uso de la "Prueba de trabajo". Szabo también acuñó la frase "contrato inteligente", que es una de las características centrales de las criptomonedas como Ethereum.

Comenzó con el registro del nombre de dominio bitcoin.org. En noviembre del mismo año, se publicó en varias listas de correo de criptografía un documento llamado "Bitcoin: un sistema de efectivo electrónico entre pares". El desarrollador implementó el software de código abierto de bitcoin a principios de 2009.

Al mismo tiempo, Satoshi Nakamoto, extrajo el primer bloque de la cadena de bloques de Bitcoin con el texto:

"The Times 03 / Jan / 2009 Canciller al

borde del segundo rescate para los bancos".

En 2011, se desarrollaron e implementaron las siguientes dos criptomonedas. Estos fueron Namecoin y Litecoin. Esto fue seguido por varias otras criptomonedas. Desde la introducción de Bitcoin, se han implementado muchas criptomonedas, pero muchas de ellas también han fallado.

Bitcoin y otras criptomonedas comenzaron a hacer crecer su comunidad de mineros. El líder del paquete, sin embargo, siempre ha sido Bitcoin, obteniendo la capitalización de mercado más alta entre otras criptomonedas en el mercado.

La atención de los medios alrededor de las

criptomonedas comenzó a crecer alrededor de 2013, cuando el valor de bitcoin comenzó a aumentar. De 2011 a 2012, el valor de Bitcoin fluctuó de menos de $ 1 a $ 17. Sin embargo, el precio comenzó a subir constantemente en las últimas partes de 2012.

2013 fue el primer año para Bitcoin. La criptomoneda abrió el año en alrededor de $ 13 por bitcoin. En solo un mes, el valor de la moneda se duplicó con creces a $ 32. Continuó subiendo hasta abril, cuando rompió la marca de $ 100. Con las noticias que rodean la nueva moneda en el mercado que se extiende a través de Internet, el precio de bitcoin volvió a subir en solo nueve días. El 9 de abril, los precios de bitcoin superaron la marca de $ 200 antes de caer a menos de $ 100 cuatro días después.

Las historias sobre bitcoin sin embargo, no terminarían allí. En el mismo año, el precio de la criptomoneda se mantuvo por debajo de $ 200. No fue hasta noviembre de ese año cuando Bitcoin superó todas las expectativas. Regresó a $ 200 el 2 de noviembre de 2013. A partir de ahí, siguió aumentando antes de que terminara el año, rompiendo la marca de $ 1,000.00 el 30 de noviembre de 2013.

Sin embargo, con los inversores tomando su parte de las ganancias, el valor volvió a caer. El valor se mantuvo por debajo de $ 500 para 2014 hasta mediados de 2016. Ahí es cuando las cosas comenzaron a cambiar nuevamente. Con las noticias sobre la propagación de bitcoins nuevamente, el valor de mercado comenzó a aumentar. Bitcoin terminó el 2016 con un precio justo por debajo de los $ 900. Una vez que rompió la marca de $ 1,000 en marzo de 2017, el precio siguió subiendo. A partir de ahí, subió a un precio de más de $ 17,500 el 11 de diciembre de 2017.

Junto con el aumento de bitcoin, otras criptomonedas también recibieron mucha atención. Ethereum es claramente la segunda moneda más grande detrás de él. Otras monedas más nuevas como Cardano y Ripple también se beneficiaron en el boom de 2017. En particular, Ripple tuvo un ICO exitoso en parte debido al éxito que estaba experimentando Bitcoin.

Al igual que con lo que sucedió en 2013, los comerciantes comenzaron a tomar ganancias en la primera parte de 2018. El precio volvió a caer a menos de $ 8,000 en febrero. El precio no se ha recuperado a su precio máximo al momento de escribir este libro. Sin embargo, con un poco menos del 20% de bitcoin que queda por explotar, se espera que el valor de bitcoin aumente en el futuro, pero los inversores y operadores deben superar las enormes fluctuaciones de los precios antes de que esto suceda.

El éxito de bitcoin y otras criptomonedas, sin embargo, fue solo en su función de activos comerciales y no como monedas reales. La mayoría de las personas que tienen estas monedas no necesariamente quieren gastarlas como medios de intercambio. En su lugar, se utilizan principalmente para aumentar las carteras de inversión.

Criptomoneda como medio de intercambio Sin embargo, para que una criptomoneda tenga éxito en el reemplazo de dinero en línea, primero necesita una serie de factores importantes:

• **Estabilidad en el precio.**El factor más importante que afecta a Bitcoin y otras criptomonedas es el problema con la volatilidad de sus precios. Debido a que es una moneda de intercambio libre sin que el banco central la administre, los precios pueden ser bastante volátiles. Los precios en una parte del mundo donde los volúmenes de comercio son altos pueden diferir de los precios en otras bolsas donde el volumen de operaciones es bajo. Debido a estos factores, los precios han fluctuado por miles de dólares por unidad.

Para que una criptomoneda se convierta en un medio de intercambio serio, se debe introducir una característica que evitará que su precio suba o baje miles de dólares en un día. Esto lo hará menos atractivo como activo de inversión, pero es necesario para que funcione como una moneda real.

- **Un consenso político entre los gobiernos.**A raíz del auge de la criptomoneda de 2017, los gobiernos y sus bancos centrales han estado investigando cómo las exageraciones pueden afectar sus economías y el bienestar financiero de su gente. Los gobiernos en países con altos volúmenes de comercio en particular se alarmaron por el número de ciudadanos que participan en el mercado comercial.Como respuesta, estos gobiernos tomaron una postura en los primeros días de 2018. Corea del Sur, en particular, tuvo una represión masiva en los intercambios de criptomonedas locales por sus roles en el lavado de dinero. Otros países siguieron su ejemplo al crear nuevas políticas para manejar la criptomoneda como un activo de inversión.

Estas respuestas del gobierno dejaron en

claro que los días de negociación no regulada han terminado. Esto dio lugar a la caída masiva de los precios de las criptomonedas más comúnmente comercializadas. Desde $ 17,000, el valor de Bitcoin se redujo a $ 11,000 en cuestión de dos días. Incluso llegó a $ 7,000 en la semana siguiente. Esta es la primera corrección masiva en el precio de bitcoin y algunas de las nuevas criptomonedas.

El valor de estas criptomonedas puede volver a sus altos precios anteriores, pero esto solo puede suceder si los gobiernos de las principales economías como China, Japón, la zona euro, los Estados Unidos y Canadá acuerdan una estrategia unificada sobre cómo controlar Bitcoin y la otras criptomonedas.

- **Una industria para abrazarla como método de pago.** Las diferentes criptomonedas en el mercado actual están en una carrera por ser aceptadas como moneda. Algunos de ellos intentan hacerlo convirtiéndose en la primera criptomoneda en ser ampliamente aceptada en una industria específica.

Ethereum, por ejemplo, se está convirtiendo en una popular plataforma experimental para desarrolladores. Despegará por completo si los desarrolladores pueden crear con éxito aplicaciones y sitios web ampliamente utilizados que se ejecutan en la red Ethereum. Sin embargo, ninguna de las nuevas empresas que utilizan los contratos inteligentes de Ethereum se ha roto a través de la corriente principal todavía. Sin embargo, con miles de desarrolladores trabajando con la plataforma, es solo una cuestión de tiempo antes de que Ethereum pueda ser considerado un nuevo Internet y Ether como su moneda fiduciaria.

Ripple y Litecoin, por otro lado, están adoptando un enfoque diferente para entrar en la corriente principal. Se están asociando con tantos bancos e instituciones financieras como puedan para asegurarse de que las personas tengan acceso a sus monedas. Ripple fue particularmente popular en su oferta inicial de monedas debido a las muchas conexiones que ya tenía desde el primer día de negociación. Se ha asociado con grandes bancos como Standard Chartered y Royal Bank of Canada. Recientemente, Litecoin también ha avanzado en la asociación con el popular servicio de envío de dinero Western Union. Estas criptomonedas están trabajando con estos bancos e instituciones financieras para comenzar a construir su infraestructura en el mundo financiero. En cuanto a cómo se puede aplicar la tecnología blockchain en esta industria, aún está por verse. Tendremos que esperar los servicios que surgirán de estas asociaciones y ver cómo responderá el mercado a ellas.

• **Mejoras en la tecnología para facilitar las transacciones.**

La red minera de una criptomoneda es su

columna vertebral. No solo mantienen la cadena de bloques al agregar bloques de transacciones, sino que los mineros y los grupos de mineros tienen algunas de las mayores reservas de criptomoneda en el mundo. Sin embargo, incluso con toda la energía y el poder de cómputo que se usa en la extracción de las criptomonedas más populares como Bitcoin y Ethereum, el tiempo de transacción aún se retrasa.

blockchain se llamaba entonces Ethereum Classic. El resto de la red aplicó los cambios propuestos en la bifurcación y continuó usando el nombre Ethereum. Cuando la gente habla hoy de la cadena de bloques de Ethereum, se refiere a la nueva bifurcación.

La bifurcación dura en este caso tenía una función principal, evitar que el pirata informático retire el dinero pirateado de la DAO. En su lugar, se aplicó un nuevo contrato inteligente al fondo que permitió a los contribuyentes de la DAO retirar su dinero.

CAPÍTULO 2 - ¿Cómo te afectan las criptomonedas?

El mercado de la criptomoneda ha sido noticia varias veces el año pasado y la gente todavía está hablando de ello incluso después del aumento masivo de los precios. Ahora que la histeria sobre ella se ha calmado, las personas que todavía tienen criptomonedas se preguntan cuál será su futuro.

Si está pensando en participar en este mercado, también debe considerar esta pregunta y cómo le afectarán las criptomonedas.

¿Se convertirá en una moneda ampliamente utilizada?

Si la criptomoneda se rompe en el mercado para convertirse en un medio de intercambio ampliamente utilizado, se volverá aún más valiosa. Si esto sucede, es muy probable que el precio de dicha criptomoneda aumente.

Sin embargo, el éxito de una criptomoneda es el problema. Una vez que una criptomoneda se vuelve popular, más personas querrán comprarla. Esto aumenta la demanda en el mercado, mientras que la oferta aumenta a un ritmo más lento cada día. Aplicando las leyes de la oferta y la demanda, esto lleva a un aumento en el gráfico de precios.

Si una criptomoneda soluciona este

problema, debe integrarse con otros servicios financieros en línea y en el mundo real. Puede que solo se convierta en una alternativa al efectivo al realizar transacciones en línea.

Sin embargo, si espera convertirse en un usuario de la criptomoneda, puede pasar un tiempo antes de que veamos una verdadera dependencia de esta tecnología en la industria financiera. Sabrá cuándo sucederá esto cuando los servicios financieros que facilitan las transacciones en línea como PayPal, Western Union y los grandes bancos comiencen a asociarse con una sola criptomoneda. Al momento de escribir este libro, las criptomonedas como Ripple (XRP) y LiteCoin ya están trabajando con instituciones financieras para comenzar a facilitar los pagos entre empresas. Si esto funciona, puede allanar el camino para que la moneda digital se utilice con los consumidores habituales.

Todavía pueden pasar un par de años antes de que cualquier criptomoneda se convierta en una forma generalizada de dinero en línea. Para que las empresas puedan usarlo con regularidad, es posible que se deban redactar nuevas legislaciones al respecto, especialmente en las principales economías del mundo. Los gobiernos desconfían de esta nueva moneda y de su posible efecto negativo en su crecimiento económico. Les tomará tiempo a los legisladores aprobar proyectos de ley, estudiar la moneda y, de hecho, poner reglas y regulaciones que rijan su comercio y uso generalizado.

¿Estás considerando cambiarlo?
Como activo comercial, algunos gobiernos ya han colocado prohibiciones en la moneda digital, citando que se está utilizando como una herramienta de lavado de dinero. Sin embargo, los comerciantes de todo el mundo todavía están acudiendo en masa al mercado. Sin embargo, ya no es un mercado de vendedores. El tiempo de compra masiva de monedas ha pasado. Los comerciantes en este momento solo están trabajando con la naturaleza especulativa del activo. Cuando el precio es demasiado bajo para Bitcoin, por ejemplo, muchos de ellos compran. Debido a la naturaleza global de

las plataformas de negociación, un ligero cambio en el precio puede desencadenar liquidaciones masivas o ventas masivas. Estos comportamientos de comerciante conducen a los cambios constantes de precios en las criptomonedas más activamente negociadas.

Si desea convertirse en comerciante, necesitará aprender conceptos como análisis fundamental y técnico. El análisis fundamental es una técnica para seleccionar acciones y otros activos de inversión que también se pueden aplicar al comercio de criptomonedas. Al hacer un análisis fundamental de las acciones, usted observa constantemente los comunicados de prensa, las noticias y los informes financieros de sus compañías objetivo.

Usted hace esto para establecer un llamado valor intrínseco para la empresa. Luego, puede obtener el precio intrínseco de las acciones de una compañía al dividir el valor total de la compañía por el número total de sus acciones emitidas.

Si se calcula un precio intrínseco, el analista fundamental luego verifica el precio de mercado de la compañía. Si el precio de mercado está por debajo del valor intrínseco de la compañía, el analista fundamental lee esto porque la participación de la compañía es más barata de lo que debería ser. Las empresas que tienen la mayor brecha entre el valor intrínseco estimado y el precio de mercado prevaleciente generalmente se compran.

Con las criptomonedas, en lugar de considerar el valor de una empresa, está intentando hacer una estimación inteligente del verdadero valor de una moneda. Puede hacer esto examinando la tecnología subyacente y las comunidades que la administran. Por ejemplo, podría obtener la capitalización inicial de la compañía que desarrolló la tecnología y la cantidad que obtuvieron de las ofertas de monedas que tenían.

Luego, podrías comenzar a analizar su progreso hacia el santo grial del mundo de la criptomoneda; para ser ampliamente aceptado como moneda real. Una moneda que ha hecho grandes saltos para convertirse en una moneda importante debe aumentar su valor. Si ve una moneda innovadora proactivamente y busca formas de convertirse en una moneda aceptada, entonces puede decir que el valor de esa moneda debería aumentar.

Al igual que con la selección de acciones, también debe comparar dichos eventos positivos e innovaciones de la empresa con su actividad de precios. Si el precio de mercado no ha mejorado después de un progreso significativo, esto puede significar una de dos cosas. Primero, puede haber alguna información de la que no tenga conocimiento, lo que impide que otros operadores compren la moneda criptográfica. Tendrá que investigar más al respecto antes de comprar más de la moneda mencionada.

En segundo lugar, también es posible que las personas simplemente no respondan lo suficientemente bien a las noticias positivas sobre la moneda. Esto podría suceder cuando el clima comercial general es bajista. Esto significa que las personas no están de humor para comprar nuevos activos. También podría suceder cuando los comerciantes e inversores de criptomonedas están mirando hacia otro lado hacia una criptomoneda más popular. Todos estos factores podrían hacer que una moneda esté infravalorada o sea más barata de lo que debería ser.

Una moneda subvaluada es una gran inversión, especialmente si continúa su progreso en el logro de los objetivos de la comunidad. Bitcoin, por ejemplo, ha sido subvalorado por años desde su inicio. Sin embargo, debido a la cobertura positiva de los medios, las mejoras en la tecnología y la recepción general positiva del mercado, logró aumentar su valor en más del 1.000% en 2017.

Esto podría volver a ocurrir en el futuro, pero es probable que ocurra con criptomonedas menos conocidas con una base fundamental sólida.

La segunda habilidad que necesitará aprender es la práctica comercial llamada análisis técnico. Mientras que los analistas fundamentales se centran en los factores que rodean la criptomoneda, los analistas técnicos se centran principalmente en el precio y el factor de mercado que lo afecta.

Al igual que los comerciantes regulares, los analistas técnicos también buscan comprar cuando los precios son bajos y vender cuando los precios son altos. Sin embargo, lo llevan un poco más lejos al tratar de adivinar cuándo terminará una caída de precios y cuándo comenzará una tendencia alcista. También intentan adivinar cuándo se detendrá el alza de precios en función del comportamiento de los compradores en el mercado como se refleja en los gráficos de precios.

Un analista técnico basa todas sus decisiones en los movimientos de precios en los gráficos. Cuando el precio baja, por ejemplo, intentan adivinar la parte inferior de la tendencia bajista. Luego comienzan a comprar cuando la moneda alcanza un precio determinado.

Cuando ya poseen monedas, intentan predecir cuándo terminará una tendencia alcista, lo que suele suceder durante las ventas masivas. Luego venden cuando se alcanza su precio previsto.

¿Será pasado de moda debido a otras tecnologías emergentes?

Es posible que otras tecnologías emergentes superen las criptomonedas como la principal alternativa de efectivo en Internet. Sin embargo, el escenario probable es que las nuevas tecnologías se implementen como versiones más nuevas de las criptomonedas. Los bancos y otras instituciones financieras han prestado atención al impacto de la cadena de bloques en el mundo financiero y han creado sus propios equipos de investigación y desarrollo para encontrar posibles usos para este nuevo tipo de tecnología. Está claro que el mercado necesita una moneda descentralizada que no esté influenciada por el gobierno, las fronteras y las leyes opresivas. Sin embargo, el mercado aún no ha alcanzado un veredicto sobre qué sistema es el más adecuado para convertirse en una alternativa en efectivo en línea.

CAPÍTULO 3 - Criptomonedas más populares

Antes de que pueda participar en la industria de las criptomonedas, primero debe conocer las diferentes criptomonedas disponibles en el mercado actual. Desde el auge de los precios de bitcoin y otras criptomonedas en 2013 y 2017, muchos copycats se han convertido en ICO.

Para el primer trimestre de 2018, más del 45% de los ICO que surgieron en 2017 y antes se han vuelto inactivos. Esto se debe principalmente a la falta de capitalización que los respalda, así como a la falta de poder minero que tienen estas monedas.

Para que un ICO siga siendo relevante

entre los mineros en la actualidad, ya no puede adoptar el enfoque que Satoshi Nakamoto adoptó para establecer el bitcoin. La tecnología blockchain ya no es suficiente para establecer la credibilidad como una moneda descentralizada. En su lugar, debe establecer que cuenta con el respaldo de una comunidad y que cuenta con el respaldo de una organización sólida como las principales instituciones financieras.

Bitcoin

Bitcoin es actualmente el rey indiscutible de las criptomonedas en términos de capitalización de mercado y volumen de operaciones. Debido a que es el primero en llegar al mercado, tiene una ventaja sobre las otras criptomonedas en términos de la cantidad de mineros en la red y el crecimiento de los precios.

En su punto máximo en los últimos días de 2017, bitcoin alcanzó un precio máximo de cierre de más de $ 17,500. Sin embargo, el aumento en el precio experimentado en 2017 fue seguido por una venta masiva por parte de inversores y comerciantes. Esto sucedió en medio de un escrutinio adicional de los diferentes gobiernos de todo el mundo y algunos incluso aplicando políticas severas hacia el uso y el comercio de las criptomonedas. Bitcoin, sin embargo, sigue siendo la criptomoneda de mayor valor. Su rival más cercano, Ethereum, todavía está muy lejos en términos de capitalización de mercado.

Bitcoin, sin embargo, solo lidera las otras criptomonedas en términos de ser un activo de inversión. A partir de la redacción de este libro, no está más cerca de convertirse en una verdadera criptomoneda.

En sus primeros días, se usaba como modo de pago y moneda de donación en muchos sitios web de cebolla (sitios web en la web oscura). Sin embargo, debido a la popularidad de bitcoin, muchos de estos sitios web lo abandonaron debido al creciente escrutinio de los gobiernos en las transacciones de bitcoin.

La volatilidad de los precios de Bitcoin es también una de las principales razones por las que muchas personas dudan en usarla como moneda. Nadie puede confiar en una moneda que se desploma en valor a más de $ 2,000 en cuestión de minutos. Con estos problemas aún persiguiendo a bitcoin, parece que no se convertirá en una criptomoneda en el corto plazo. Sin embargo, si está buscando un activo de inversión que atraiga mucha atención durante las horas punta, esta es la criptomoneda para usted.

Etéreo
Ethereum es también uno de los pioneros de la criptomoneda. A diferencia de bitcoin, que se centra únicamente en reemplazar el uso del efectivo en Internet, Ethereum tiene un enfoque diferente. El

objetivo de Ethereum es crear una plataforma que utilice la potencia informática compartida que ofrecen los mineros para facilitar el uso de contratos inteligentes y el desarrollo y mantenimiento de aplicaciones descentralizadas (DAPP).

Los DAPP son uno de los conceptos más nuevos introducidos en el sistema Ethereum. Permite a los desarrolladores crear servicios en línea sin la necesidad de intermediarios. Imagina que puedes descargar tus aplicaciones directamente desde el desarrollador sin pasar por la App Store o Google Play. La única razón por la que no lo hacemos en este momento es porque no sabemos si podemos confiar en que el desarrollador y las tiendas de aplicaciones actúen como guardianes que protegen nuestros intereses y nos quitan un poco de nuestro dinero en el proceso. Con un DAPP, los desarrolladores podrán establecer confianza con el usuario mediante contratos inteligentes.

Los contratos inteligentes son como los contratos del mundo real donde existe un acuerdo entre las partes. Sin embargo, cuando un contrato se codifica en la cadena de bloques, se convierte en un contrato inteligente porque no se puede modificar de ninguna manera sin afectar la integridad de toda la cadena.

Al igual que con la cadena de bloques básica utilizada en bitcoin, los contratos inteligentes se agrupan y organizan para crear un bloque en una cadena de bloques. Los mineros que facilitan esto son recompensados con Ether, el aspecto de criptomoneda de Ethereum. Solo para dejar esto en claro, Ethereum se refiere a la red que utiliza la tecnología blockchain para crear y almacenar contratos inteligentes, mientras que Ether es la moneda que las personas pueden intercambiar.

La idea detrás de Ethereum es que la red tenga su propio ecosistema donde se puedan realizar transacciones y se puedan operar negocios. Al igual que las personas que hoy en día utilizan Internet para nuestro uso diario, el ecosistema Ethereum también puede convertirse en otra versión de eso y el Éter es la moneda que se utiliza en su interior.

El éxito de Ethereum y Ether para convertirse en verdaderas criptomonedas depende en gran medida de los modelos de negocios de las aplicaciones que se crean dentro de su plataforma. Sin embargo, hasta el momento de escribir este libro, ninguna aplicación ha logrado abrirse paso en la corriente principal todavía.

Los críticos de Ethereum atacan principalmente el ambicioso concepto del potencial de los DAPP. El concepto aún está en sus inicios y los desarrolladores que trabajan en proyectos DAPP no tienen necesariamente un plan a seguir. En cambio, son los pioneros de esta nueva forma de tecnología.

Una razón por la que el DAPP es difícil de desarrollar es el hecho de que el código del contrato inteligente debe ser infalible porque no se puede cambiar. Una vez que se establece el contrato inteligente, no hay forma de impedir que ejecute su función cuando se cumplen las condiciones adecuadas. Esto puede ser peligroso si el código del contrato es vulnerable a un ataque. Es particularmente peligroso si el contrato inteligente está diseñado para manejar la transferencia de dinero.

Onda
Ripple es una criptomoneda relativamente nueva, pero ha tenido un gran impacto en

la industria en el corto tiempo que ha estado aquí. Se convirtió en un éxito masivo desde su ICO. Sin embargo, también se desplomó en la venta masiva a principios de 2018.

Ripple es la primera moneda en asociarse con bancos e instituciones financieras importantes. Este es su principal punto de venta desde el principio. Su empresa fundadora, una empresa llamada Ripple Lab, continúa desarrollando la red para que se adapte perfectamente a algunos de sus socios de instituciones financieras, entre los que se incluyen The Royal Bank of Canada y Standard Charters. También se ha asociado con el gigante de transferencia de dinero Western Union para investigar aplicaciones de blockchain en el negocio de transferencia de dinero.

La ondulación se compone de dos partes importantes. El sistema Ripple también llamado RippleNet es la red de pago. Es la conexión entre los bancos y otras instituciones financieras que participan en la red. La segunda parte es la criptomoneda llamada Ripple XRP. Esta es la moneda utilizada para representar la moneda fiduciaria en la red. Cuando XRP se transfiere de un nodo en el sistema a otro, se entiende que se transfiere una cantidad equivalente de moneda fiduciaria.

Durante un tiempo, Ripple fue segundo después de Bitcoin en capitalización de mercado. Esto sucedió en la última parte de 2017. El aumento masivo en el precio aumentó el valor de Ripple, dando más capital de investigación y desarrollo a su compañía de desarrollo.

El principal objetivo de Ripple es utilizar la tecnología blockchain con las instituciones financieras para que las transacciones globales sean más rápidas. Una transacción que cruza las fronteras por lo general toma varios días. Los bancos actualmente utilizan el sistema SWIFT para autenticar transacciones. Este sistema generalmente requiere de 3 a 7 días hábiles para procesar. Otras tecnologías de blockchain han hecho este método más rápido, pero Ripple lo ha incrementado un poco. Procesar una transacción con Bitcoin, por ejemplo, requiere algo más de una hora. Ethereum puede procesar la misma transacción en dos minutos. Una transacción en Ripple se puede procesar completamente en solo 4 segundos.

A diferencia de Ethereum, Ripple realmente se centra en el mundo financiero. De hecho, Ripple se refiere a sí misma como una plataforma de pago en lugar de una simple criptomoneda. El éxito de Ripple depende en gran medida de su capacidad de transición al mundo empresarial. A partir de la redacción de este libro, es una de las tecnologías de criptomoneda o de cadena de bloques más cercanas a penetrar en el mercado financiero junto con Litecoin.

Sin embargo, Ripple también tiene sus

críticos. Algunos puristas de la criptomoneda no creen que Ripple sea una criptomoneda real. Muchos de ellos creen que, debido a que su sistema está entrelazado con el funcionamiento del sistema bancario, nunca puede ser verdaderamente descentralizado. Sin embargo, esto no les importa a los desarrolladores, porque nunca se pusieron en marcha con el objetivo de reemplazar el efectivo. En su lugar, simplemente quieren mejorar un sistema bancario y de transferencia de dinero obsoletos.

Bitcoin Cash
Bitcoin Cash usualmente ocupa el cuarto lugar en términos de capitalización de mercado. Bitcoin Cash se creó como un

tenedor de Bitcoin como respuesta al problema de escalabilidad de la criptomoneda original.

Desde el principio, Bitcoin ha sido criticado por su límite en el tamaño de sus bloques. Los bloques de bitcoin están limitados a solo 1MB. Esto significaría que la cantidad de transacciones en un bloque será limitada. Al principio, el valor de bitcoin era bajo. A esos valores, se podría enviar más bitcoin en cada transacción. Hoy en día, el valor de bitcoin ha alcanzado un nivel tan alto que las personas ahora envían cantidades diminutas de bitcoin. Con su popularidad, el número de transacciones de bitcoin aumentó. Mientras más transacciones esperan en línea, muchas de ellas experimentan retrasos. Para algunos, podría llevar más de una hora procesar una transacción.

Muchos miembros de la comunidad creían que cambiar el tamaño de los bloques es la mejor estrategia para este problema. Esta es la propuesta que muchos pensaron tenía sentido. En agosto de 2017, una gran parte de la comunidad implementó la propuesta de Bitcoin Cash, que dio origen a la versión de Bitcoin. La característica principal del efectivo de bitcoin es el cambio del tamaño del bloque del original de 1 MB a 8 MB por bloque.

Como criptomoneda independiente, el efectivo de bitcoin se ha mantenido por sí solo durante más de 5 meses desde que se escribió este libro. Su precio alcanzó un pico de más de $ 4,000 en el auge de 2017. Sin embargo, no mantuvo este precio y volvió a caer, rondando el rango de $ 1,100 a $ 1,300.

Su principal argumento de venta es que utiliza la misma función de hash que bitcoin. Debido a esto, los mineros de bitcoin pueden realizar fácilmente la transición de minería de bitcoin a minería de efectivo de bitcoin.

Dado que el efectivo de Bitcoin todavía es demasiado joven, es imposible decir si está aquí para quedarse. Muchas criptomonedas se separaron de la cadena de bloques de bitcoin original en el pasado, pero la mayoría de ellas no obtuvieron la cantidad suficiente de mineros y desarrolladores para mantener sus monedas con vida. Bitcoin Cash parece ser la primera bifurcación de bitcoin para una posición exitosa.

Litecoin

Litecoin es también una de las criptomonedas pioneras que siguieron a bitcoin. Ha sido acuñado por muchos como la plata al oro de bitcoin. Se lanzó justo después de bitcoin, con una gran diferencia, su algoritmo de hash. Mientras que bitcoin usa el SHA-256, Litecoin usa Scrypt.

La diferencia en el algoritmo de hash tiene muchos efectos que apuntan a abordar las deficiencias de bitcoin. Uno de estos efectos es la generación de bloques más rápida y las transacciones generalmente más rápidas. Los bloques en Litecoin son más grandes y se pueden generar usando computadoras simples como computadoras personales con una cantidad de tarjetas GPU.

La confianza de Bitcoin en SHA-256 ha llevado a la llamada carrera de armamentos en la comunidad minera. Los mineros han estado buscando formas de aumentar el poder de cómputo en bruto a través del uso de plataformas de minería especializadas. El uso de estos equipos no es necesario con litecoin. En su lugar, abre la posibilidad de minar a través del uso de computadoras personales de alta calidad.

El crecimiento en el valor de Litecoin

prácticamente siguió al de Bitcoin. Cuando Bitcoin alcanzó su precio máximo en 2013, el valor de Litecoin también aumentó. Desde los poco más de $ 2 en los meses anteriores, su precio subió a más de $ 40 en los últimos días de 2013.

La moneda estuvo relativamente tranquila entre 2014 y 2016. Su precio en este período de tiempo rondaba entre $ 1 y $ 8. Comenzó a repuntar nuevamente en la primera parte de 2017. Tuvo un pico en el precio y el volumen de operaciones en diciembre de 2017, alcanzando más de $ 350. Desde entonces, Litecoin continuó floreciendo con precios entre $ 150 y $ 300 por moneda. La fuerte presencia que siguió a la caída del mercado se produjo tras múltiples noticias positivas sobre la moneda. En particular, fue objeto de interés de múltiples instituciones bancarias y de transferencia de dinero para la investigación de blockchain en la industria financiera. Al igual que Ripple, es una de esas criptomonedas que se considera un verdadero reemplazo del dinero en efectivo en Internet.

Cardano

Cardano es la quinta criptomoneda más grande en términos de capitalización de mercado a partir de la escritura de este libro. Al igual que el bitcoin, pretende ser una criptomoneda, sin embargo, tiene múltiples cambios en la aplicación de la tecnología blockchain.

La característica principal de Cardano gira en torno a su estructura y su lenguaje de programación único. Utiliza un lenguaje de programación llamado Haskell, que se dice que es robusto y flexible. Se dice que la elección del lenguaje de programación único es una solución al panorama siempre cambiante del mercado de la criptomoneda.

Usando este lenguaje de programación, los desarrolladores desarrollaron un sistema de cadena de bloques de múltiples capas. Al igual que bitcoin y otras criptomonedas, tiene una cadena de bloques dedicada a organizar y documentar las transacciones realizadas. Utiliza el algoritmo de prueba de estaca.

La segunda capa de cardano es otra cadena de bloques en la que se documenta y organiza el motivo de la transferencia de fondos. Este es un intento de mejorar el concepto de contrato inteligente, al separar la administración del dinero de los otros detalles del contrato.

Mientras que Ripple se construye teniendo en cuenta las necesidades de las instituciones financieras, Cardano, por otro lado, se centra en equilibrar la privacidad y las características descentralizadas de una criptomoneda a la necesidad de regularla. Se ha identificado que la falta de características de regulación adecuadas impide que los gobiernos y las instituciones financieras acepten las criptomonedas en sus respectivos países. Una solución para esto es un contrato inteligente más inteligente y múltiples capas de protección que están ausentes de sus predecesores.

Los desarrolladores se jactan de que el código y la estructura de Cardano se basan en investigaciones académicas y en publicaciones revisadas por pares. Si bien parece que sus características responden a muchas de las deficiencias de bitcoin, su entrada tardía en el mercado le impide alcanzar su máximo potencial en términos de precios.

El éxito de Cardano dependerá de los proyectos de desarrollo tecnológico que su equipo desarrolle para convencer a otros usuarios de la criptomoneda para que transfieran del uso de otras monedas. A partir de este momento, las monedas como Litecoin y Ripple son más populares que el Cardano. Cuando se compara con otras criptomonedas, todavía no está claro qué ofrece la tecnología subyacente que esta novedad en el mercado. Hasta que Cardano pueda establecer la integración con el mundo financiero y los beneficios de usarlo en contraste con otras criptomonedas, las personas no tendrán ninguna razón para transferirse a Cardano.

El precio máximo de Cardano en 2017 fue de alrededor de $ 1.30. Volvió a caer a menos de $ 1 por moneda tras la masiva venta en 2018. Queda por verse lo que depara el futuro para Cardano. Actualmente, sus apuestas en el enfoque de ambos mundos no motivan a las personas lo suficiente como para transferirse a él.

CAPÍTULO 4 - ¿Por qué el precio es tan volátil?

Cuando comience a invertir en criptomoneda, verá que es uno de los activos más volátiles en el mercado de inversión. Como se mencionó anteriormente, su precio puede variar por miles de dólares de un día para otro. En este capítulo, hablaremos sobre por qué este es el caso y cómo debe responder a él.

Criptomoneda versus moneda fiduciaria

La mejor manera de entender las criptomonedas es comparándolas con el dinero que conocemos y amamos, también conocido como monedas fiduciarias. Las monedas fiduciarias o el dinero regular son el medio de intercambio acordado en un determinado país. En los Estados Unidos, por ejemplo, tenemos el dólar estadounidense, mientras que México y Canadá tienen el peso mexicano y el dólar canadiense respectivamente.

Estas monedas fiduciarias son solo billetes, monedas o números digitales en una pantalla. Sin embargo, son respetados como una herramienta para facilitar el comercio de bienes y recursos debido a una serie de razones. La primera es porque todas las personas en un lugar determinado están de acuerdo con su valor y su legalidad.

La segunda razón por la cual las monedas

fiduciarias son ampliamente aceptadas es porque su valor es estable. Si ve un auto nuevo que le gustaría tener un valor de $ 20,000 hoy, es probable que todavía tenga ese precio para mañana. En realidad, cualquier empresa puede ponerle precio a sus productos o servicios con la cantidad que desee. Los bolsos de las mujeres, por ejemplo, pueden valer unos pocos dólares a varios miles de dólares. Sin embargo, los dueños de negocios y los gerentes están limitados por factores del mercado que requieren que tomen decisiones de precios razonables. Debido a esto, la mayoría de los productos básicos que vemos en el mercado tienen precios bastante razonables, según la oferta y la demanda del mercado.

Parte de la razón por la cual las monedas fiduciarias tienen valores estables es porque son administradas por el banco central de un país. Aquí en los EE. UU., Tenemos el Sistema de la Reserva Federal que vigila el uso y el comercio del dólar estadounidense. Cada país tiene su propia versión de un banco central.

El banco central está constantemente en un acto de equilibrio para asegurarse de que el crecimiento de la economía de un país sea manejable. Para asegurarse de que las condiciones económicas negativas, como las recesiones y las burbujas económicas, no suceda, el banco central intenta controlar a todas las instituciones financieras. También crea y administra políticas que están alineadas con los objetivos del gobierno central para impulsar el crecimiento del mercado.

Con las monedas, el banco central se encarga de crear y destruir el papel moneda. Demasiado dinero impreso en la circulación puede llevar a la inflación o al alza de los precios de los bienes y servicios en una economía. El banco central puede disminuir la inflación al administrar el número de monedas impresas en circulación.

El banco central también tiene el poder de establecer las tasas de interés que los bancos pueden imponer a sus prestatarios. Esto afecta la capacidad de las empresas para crecer. Cuando las tasas de interés impuestas por el banco central son bajas, esto lleva a las empresas a pedir prestado más dinero para hacer crecer su negocio. Se prestan más en esta condición porque el precio del dinero prestado, las tasas de interés, es bajo. Pueden pagar fácilmente tanto el dinero prestado como las tasas de interés correspondientes con sus ganancias.

Sin embargo, cuando las tasas de interés son altas, las empresas no pueden pedir dinero prestado fácilmente porque el precio del préstamo es alto. Tomará una porción mayor de sus ganancias para pagar la cantidad principal y los intereses correspondientes de la deuda.

En un entorno económico de baja tasa de interés, se espera un crecimiento económico. Es probable que la economía crezca porque hay más efectivo en circulación. El éxito de las empresas en la obtención de beneficios se filtra a los empleados.

Sin embargo, este tipo de condiciones económicas también pueden ser inflacionarias. A medida que más personas pueden pagar los bienes y servicios en el mercado, los precios de estos bienes y servicios también aumentan. Si está sucediendo demasiado de esto, el banco central puede aumentar las tasas de interés para desacelerar la economía.

El valor de una moneda fiduciaria se ve afectado por la habilidad de los banqueros centrales para equilibrar el crecimiento de la economía. En realidad, los valores de moneda fiduciaria están determinados por actividades de mercado también conocidas como oferta y demanda. Si a la economía de un país le va bien en relación con el desempeño de las economías de otros países, más inversionistas extranjeros querrán invertir en ese país. Cuando esto sucede, la moneda de un país tiene una gran demanda. Los inversores que quieran deberán cambiar sus monedas a la moneda fiduciaria del país en el que desean invertir.

Cuando más personas quieren una determinada moneda fiduciaria, se vuelve más fuerte. Si una moneda se vuelve más fuerte, por ejemplo, se necesitarán más dólares estadounidenses para comprar una unidad.

Ahora, puedes preguntarte cómo se relaciona esto con las criptomonedas. La respuesta se encuentra en una de las características fundamentales de una criptomoneda, ya que no está administrada por ningún banco central y su valor no está ligado al valor de la economía de ningún país. Debido a esto, los valores de las criptomonedas solo dependen de la oferta y la demanda en el mercado. Nadie puede imprimir más al instante y nadie puede destruirlo cuando hay demasiado efectivo en el mercado.

En el último par de años en que las múltiples criptomonedas se han comercializado públicamente, la falta de un organismo de gestión dio lugar a fluctuaciones masivas en el precio de mercado. Es común que Bitcoin, la criptomoneda más popular, aumente su valor en unos pocos miles de dólares por unidad. Cuando las buenas noticias sobre una criptomoneda llegan al mercado, el número de compradores también aumenta, lo que lleva a un aumento en el precio.

La cultura de las redes sociales.
Internet y la cultura de las redes sociales es uno de los mayores impulsores en la compra y venta de criptomonedas. Cuando las personas ven que las personas que conocen se benefician de un determinado activo, sienten que también quieren participar en él. No todo el mundo se rinde

ante este impulso. Sin embargo, este Miedo a perderse o FOMO lleva a las personas hacia el mercado de la criptomoneda.

Esto es particularmente cierto para los comerciantes de otros mercados de activos. Un operador de acciones que no está haciendo bien con su práctica en el mercado de valores, por ejemplo, podría optar por transferir parte de sus fondos para comerciar con bitcoins. Algunas personas cuyos ahorros están simplemente en el banco comienzan a tener la idea de poner una parte o la totalidad en el mercado de la criptomoneda para aumentar su valor. Las acciones colectivas de las personas que ingresan al mercado aumentan el precio de los activos que figuran en él y esto se debe principalmente a lo que las personas escuchan en las noticias.

Lo mismo es cierto cuando la gente está pensando en comprar. Cuando las personas ya están en el mercado, siempre están pensando cuándo deberían comprar. Tienen miedo de sacar su dinero prematuramente porque no quieren perderse las posibles ganancias. Sin embargo, los inversores y comerciantes inteligentes entienden que cada minuto más de tiempo que pasan en el mercado aumenta el riesgo de perder una gran parte de sus ganancias. Para equilibrar el riesgo y las recompensas, estas personas dependen de las noticias que reciben en los medios. Realizan un seguimiento de la información sobre el mercado de criptomonedas y los cambios que posiblemente puedan afectar el precio.

Las noticias sobre estos mercados difieren cada día y cada uno es devorado constantemente por los comerciantes y las personas que planean participar. Cuando una noticia en particular que muestra una luz positiva sobre las criptomonedas comienza a extenderse, la gente comienza a comprar criptomonedas. Un pequeño aumento en el precio de bitcoin, por ejemplo, generará muchas noticias positivas sobre el mercado. Esto, a su vez, hará que la gente piense que el mercado está volviendo a estar bien, lo que los llevará a comprar activos nuevamente. Los efectos positivos de esto en el precio continuarán alimentando el sistema hasta que se alcance el pico.

En los mercados de activos regulares, como las acciones o el mercado de materias primas, el aumento de precios generalmente se detiene cuando el mercado ha alcanzado un punto de saturación. Este es el fenómeno cuando la mayoría de los comerciantes y los inversores ya han gastado la mayor parte de los fondos que están dispuestos a poner en el mercado. Cuando se ha alcanzado este punto, los comerciantes a corto plazo comienzan a iniciar sus estrategias de toma de ganancias. Esto se traduce en una venta masiva en el mercado que hace bajar los precios.

A veces, no es necesario cumplir el punto de saturación para que se detenga una tendencia alcista del precio. La tendencia alcista del precio podría detenerse bruscamente cuando la mala prensa sobre el mercado comience a extenderse. En la venta masiva de la criptomoneda de 2018, el precio bajó justo después de las noticias sobre el endurecimiento de las políticas gubernamentales en todo el mundo. En particular, fueron las políticas en los países de Asia oriental y Asia sudoriental los que desencadenaron el evento. Corea del Sur, uno de los países más activos en el comercio de criptomonedas, fue uno de esos países. El gobierno de Corea del Sur decidió cerrar los intercambios locales de criptomonedas que supuestamente estaban involucrados en esquemas de lavado de dinero. También impusieron políticas que exigían a los titulares de cuentas de criptomoneda adjuntar sus cuentas de intercambio con sus cuentas bancarias.

Si bien las políticas en Corea del Sur pueden parecer un factor limitante en el comercio de divisas, no fueron nada en comparación con las políticas impuestas por el gobierno chino. China prohibió por completo el comercio de criptomonedas cerrando todos los intercambios locales y bloqueando el acceso a los sitios web de intercambios internacionales.

No hace falta decir que todas las noticias sobre las políticas que apuntaban a controlar e incluso detener el comercio de criptomonedas condujeron a la gran ola de ventas de 2018. Teniendo esto en cuenta, siempre debe realizar un seguimiento de todas las noticias en el mercado siempre que tenga Criptomonedas para el corto plazo. Cuando lea sobre o nuevas historias negativas sobre la criptomoneda con la que está operando, pregúntese qué tan amplia se extenderá la historia y cómo afectará la percepción del mercado.

Esto nos trae el siguiente factor que afecta la volatilidad:
Las acciones de los comerciantes.

Aunque este libro no recomienda el intercambio diario a sus lectores, no se puede negar que hay algunas personas que lo hacen por mucho tiempo haciendo esta profesión. Los comerciantes son maestros en sus técnicas de estar por delante de las personas que reciben las noticias y predicen los comportamientos de las personas en el mercado.

El comercio de criptomonedas se ha convertido en uno de los mercados comerciales más activos del mundo. La capitalización de mercado de muchas criptomonedas es una capitalización de mercado enana de muchas compañías en todo el mundo. En un lapso de un día, miles de millones de dólares en bitcoins y Ether se mueven. Muchos de los movimientos provienen de comerciantes que buscan ganancias dentro del día dentro del mercado.

Las transacciones por hora de estos comerciantes crean las fluctuaciones diarias en el mercado. Incluso después de los días posteriores a la venta masiva en enero y febrero de 2018, el mercado estaba extremadamente activo. Las personas que temían más pérdidas querían deshacerse de sus monedas. Por otro lado, las personas con una mentalidad optimista en este tiempo, compraron las enormes cantidades de monedas que ingresan al mercado a precios extremadamente bajos. En los meses que siguieron, las personas continuaron intercambiando activamente bitcoin a diario. Algunos de ellos son inversores de mediano y largo plazo que planean permanecer en el mercado a largo plazo, con el objetivo de aprovechar el próximo gran aumento de precios. Sin embargo, la mayoría son compradores y vendedores a corto plazo que se centran en las fluctuaciones diarias en el mercado.

Las actividades de estos comerciantes individuales continuarán haciendo que el precio de las monedas más grandes fluctúe cada hora. Sin embargo, no debe permitir que estas variaciones de precios lo distraigan de su propia estrategia y objetivos. En su lugar, debe centrarse en la construcción de su cartera de monedas.

Las actividades de los comerciantes en el mercado pueden parecer afectar los precios de las criptomonedas en gran medida en este momento. Pero en el futuro, muchas de estas criptomonedas se valorarán aún más a medida que más participantes comiencen a invertir en el mercado. Cuando las monedas de capitalización más pequeña, como Ripple o Cardano, aumentan de precio de manera similar a como lo hicieron bitcoin y Ethereum, sus movimientos de precios actuales pueden parecer insignificantes. Este posible aumento de precios ocurrirá cuando la mentalidad del mercado inversor pase de ser bajista a alcista. Una mentalidad bajista no busca comprar monedas. Después de una gran ola de ventas como las que sucedieron en 2014 y en 2018, las personas comienzan a tener una mentalidad bajista. No quieren comprar criptomonedas, lo que hace bajar los precios. Cuando la memoria de la gran ola de ventas desaparece y las noticias positivas sobre las criptomonedas comienzan a inundar las vías aéreas, ese es el momento en que la percepción del mercado comienza a cambiar de bajista a alcista.

Una mentalidad alcista se refiere a la percepción colectiva de que el mercado está bien y seguirá haciéndolo. Esta mentalidad se refleja en los comportamientos de los comerciantes y los recién llegados en el mercado. Los comerciantes experimentados utilizan el análisis técnico del precio para tratar de adivinar cuándo empezará a ocurrir. Su objetivo es aumentar su propiedad de una criptomoneda justo antes de que esto suceda. Sus acciones colectivas de comprar criptomonedas junto con las acciones de compra de los recién llegados en el mercado elevan el precio a niveles sin precedentes.

Falta de un valor intrínseco.
Una de las razones principales por las que los precios de la criptomoneda fluctúan tanto es debido a su falta de valor en el mundo real. Las monedas fiduciarias se han desarrollado con el tiempo. En la antigüedad, las monedas se creaban a partir de metales preciosos como el oro y la plata. Casi todas las civilizaciones en ese momento acordaron que estos metales preciosos tienen un gran valor debido a su apariencia y rareza únicas. Debido a esto, los reyes no dudaron en usar el oro y la

plata como su material de elección para las monedas. Los comerciantes voluntariamente se vieron obligados a usar estas monedas de metal como medio de intercambio debido a su valor universal. Si un reino cae, sus monedas no pierden necesariamente todo su valor porque aún pueden usarse en otros reinos que también consideran al oro y la plata como metales valiosos. En el peor de los casos, un comerciante puede simplemente fundir las monedas de oro o plata y formar joyas para venderlas con fines de lucro.

Durante un largo período, los metales preciosos han sido utilizados como el material para las monedas. Sin embargo, algunas personas acumularon una gran cantidad de oro y plata que ya no pueden almacenar en el bolsillo e incluso en sus propias casas. Para satisfacer esta necesidad, se crearon bancos para almacenar oro, plata y otros metales preciosos. Un banco proporcionará un lugar seguro para que las personas guarden sus monedas y, a cambio, les dieron a las personas lo que ahora llamamos billetes de banco. Los billetes de banco comenzaron como trozos de papel, indicando la cantidad de monedas que una persona tenía en el banco. Cuando realizan transacciones, simplemente entregaron algunas piezas de estas notas a las personas con las que trataron y esas personas pueden intercambiar la nota por monedas reales en el banco. Así es básicamente como nacieron las transacciones en efectivo. La gente de una civilización estuvo de acuerdo en que las notas que tenían eran tan valiosas como las monedas que tenían en el banco.

Con el tiempo, la gente estaba tan acostumbrada a usar papel moneda o efectivo que simplemente no les importaba el oro y la plata. Sin embargo, incluso en las primeras partes del siglo XX, nuestra civilización no abandonó completamente el uso del oro y la plata. Durante mucho tiempo, el valor del efectivo se basó en la cantidad de oro que tenía un país. Esto es lo que llamamos los estándares de oro. Los EE. UU. Implementaron este sistema alrededor de 1879. La Reserva Federal continuó usando el patrón oro hasta 1933.

Hoy en día, el valor del efectivo se basa completamente en la economía de su país de origen y en las políticas económicas de su gobierno. Cuando la economía de un país está en auge y sus políticas son beneficiosas para los inversionistas extranjeros, más personas querrán comprar su moneda para que puedan realizar transacciones e invertir en la economía de dicho país. Esto aumenta la demanda de la moneda de este país en particular. Un aumento en la demanda resulta en un aumento en el precio de la moneda.

Tomemos, por ejemplo, el dólar estadounidense. Cuando la economía está en auge, más personas quieren venir a los EE. UU. Debido a las oportunidades que ofrece nuestro país. Estas nuevas personas que ingresan necesitan cambiar la moneda que tenían de su país de origen por dólares estadounidenses. La demanda colectiva por el dólar resulta a un aumento de precio.

Sin embargo, cuando a la economía no le va bien, los inversores quieren irse y buscar oportunidades en otros lugares. Los inversores en el país intentarán cambiar sus dólares por el próximo país en el que invertirán. Si hay una cantidad masiva de personas que venden sus dólares en el mercado, el precio del dólar disminuirá.

Sin embargo, tanto el gobierno central como el banco central trabajan juntos para asegurarse de que la fluctuación de los precios de la moneda no sea extrema. Por ejemplo, cuando el precio del dólar es demasiado alto, la central tiene la opción de imprimir más dinero. Un aumento en la oferta de efectivo en circulación tiende a tener un efecto negativo en el valor de esa moneda.

Por otro lado, si hay una disminución masiva en el precio del dólar, el gobierno central puede crear paquetes de estímulo como dar dinero a los pobres. Esto, a su vez, lleva a una mayor actividad económica que puede llevar a que los inversionistas ingresen al país.

Hay muchos otros factores que pueden afectar el precio de una moneda. El punto es que el gobierno y el banco central tienen el poder de ajustar las políticas económicas para evitar que las fluctuaciones se vuelvan extremas.

Ahora vamos a centrar nuestra atención en bitcoin y las otras criptomonedas. Una de las características principales de estas monedas es que están descentralizadas. Esto significa que no hay un organismo regulador que tenga el poder de cambiar las políticas que rigen la criptomoneda. La única forma de aplicar los cambios es si todos los participantes en el mercado están de acuerdo con los cambios propuestos. Con millones de personas que participan en el mercado, es casi imposible obtener un consenso del 100%.

Debido a la dificultad de implementar

cambios en las políticas que gobiernan las criptomonedas, ninguna persona o grupo puede influir en el valor de su valor. Esto es al menos cierto para las monedas más comercializadas.

Con las fuerzas de la oferta y la demanda aplicadas a estas monedas y la falta de un organismo de gobierno que regule su uso y gestión, no hay nadie que pueda detener las fluctuaciones masivas de los precios. Cuando los expertos dicen que el valor de una criptomoneda se triplicará en los próximos cinco años, estas afirmaciones están dentro del ámbito de las posibilidades. Sin embargo, también es una posibilidad de que el valor de una moneda baje más de un 50% en cuestión de días o semanas. Hemos visto que esto sucede con muchas monedas en la venta masiva de cripto en la primera parte de 2018.

La tasa de inflación del país de origen de su moneda fiduciaria operativa

Las tasas de inflación en un país afectan el poder adquisitivo de su moneda fiduciaria. Si EE. UU., Por ejemplo, está experimentando una alta tasa de inflación, esto resultará en una disminución en el valor del dólar estadounidense. Si el valor del dólar estadounidense disminuye, deberá gastar más para comprar criptomonedas. Desafortunadamente, el valor del dólar estadounidense o cualquier moneda fiduciaria también es volátil.

Aunque no es tan volátil como los precios de las criptomonedas, puede fluctuar lo suficiente a diario para afectar el precio del emparejamiento de las monedas de criptomoneda a las fiduciarias.

La mejor manera de evitar que este factor afecte negativamente su cartera es evitando comprar criptomoneda en momentos en que la tasa de inflación es alta. Durante estos momentos, tendrá que gastar más de su moneda fiduciaria para comprar criptomoneda. Es más inteligente esperar a que el valor de su moneda aumente antes de comenzar a comprar criptomonedas.

También es aconsejable evitar el intercambio entre monedas fiduciarias para comerciar en el mercado de la criptomoneda. Digamos que su tarjeta de crédito está en euros. Solo debe tratar con los intercambios que utilizan el euro como su moneda operativa. No necesita cambiar sus euros por dólares estadounidenses. El intercambio entre dos monedas fiduciarias abre sus fondos de inversión a riesgos adicionales.

CONCLUSIÓN

El mercado de la criptomoneda y la industria en general son dinámicos. Nuevas noticias y novedades salen todos los días. Si desea participar en este mercado o industria, debe mantenerse actualizado.

Si bien los gobiernos y los inversores cautelosos pueden desconfiar de las criptomonedas, no hay duda de que es una forma revolucionaria de tecnología. No hay límite para los casos de uso de la cadena de bloques. Sin embargo, nos llevará algún tiempo darnos cuenta de su verdadero valor. Lo único seguro de las criptomonedas es que los esfuerzos de investigación y desarrollo continuarán. Se destinarán más fondos al desarrollo de nuevas tecnologías para aprovechar lo que ya sabemos. La gente continuará apoyando las monedas ya implementadas en este momento como activos de inversión. Sin embargo, esto no será un viaje suave. Habrá muchos l0sers en la subida y bajada de los precios de la criptomoneda. Sin embargo, el inteligente que haya pensado mucho en sus decisiones de inversión saldrá a la cabeza.

También está en la naturaleza de las criptomonedas atraer personalidades con propósitos ilegales. Esta es la razón principal por la cual hay un intenso escrutinio del gobierno en la tecnología. Si participa en el comercio de estas monedas, asegúrese de estar al tanto de las diferentes políticas aplicadas por los gobiernos a su uso y comercio. Si bien algunas monedas pueden tener un impacto negativo en el mercado, se convertirán en precedentes de leyes futuras que mejorarán la industria de la criptomoneda.

Después de leer este libro, intente reflexionar sobre la importancia de esta nueva tecnología y cómo desea participar en ella. La criptomoneda y la tecnología blockchain se están desarrollando. A medida que se desarrollen, abrirán nuevas oportunidades profesionales y de negocios. Al mantenerse consciente de lo que está sucediendo en el mercado y en el desarrollo de la tecnología, es posible que pueda encontrar su nicho en el mercado y ganarse la vida. Incluso puede ser capaz de ayudar a desarrollar esta nueva tecnología para que sea una fuerza de bien en la sociedad.

¡Te deseo la mejor de las suertes! Para su exito